MIGUEL BLASCO
EL ORIGEN DE LAS ESTRELLAS

Miguel Blasco, el origen de las estrellas

1ª edición. Junio, 2009

© D.R. Miguel Blasco

© D.R. Ediciones B México, S.A. de C.V., 2009
Bradley 52, Colonia Anzures. 11590, México, D.F.

www.edicionesb.com.mx

ISBN: 978-607-480-004-3

MIGUEL BLASCO
EL ORIGEN DE LAS ESTRELLAS

MIGUEL BLASCO

EDICIONES B
GRUPO ZETA

Barcelona • Bogotá • Buenos Aires • Caracas • Madrid • México D.F. • Montevideo • Quito • Santiago de Chile

Índice

Prólogo 9

Mis inicios en España 13

Mi adorado México 19

Tatiana 23

Pandora 25

César Costa 31

Rocío Banquells 33

Daniela Romo 45

Yuri 51

Manuel Mijares 57

El creador de artistas 65

Fandango 69

Fresas 73

Guillermo Capetillo 77

Eterna Navidad 79

Lucero 85

Oscar Athié 87

Elías Cervantes 89

La Gárgola 93

Alejandra Guzmán 97

Lucía Méndez. 147
Paulina Rubio. 155
Sentidos Opuestos 163
Aranza 169
Guido Laboranti 173
Laura Flores 177
Ariana 183
Gabriela Diaque. 187
Recuerdos de familia 189
Agradecimientos. 191
Epílogo. 197

Prólogo

Antes de empezar este relato, que prácticamente abarca más de diez años de mi vida dedicados a trabajar con artistas mexicanos, quiero hacer algunas aclaraciones para que nadie se sienta engañado con su lectura.

Hace algunos años, cuando por primera vez intentaba narrar, a manera de desahogo, los acontecimientos que había vivido en México, el presidente de una compañía discográfica, por cierto todavía en funciones, me dijo que si los publicaba me despidiera de trabajar en el mundo discográfico, además enfatizó que el escrito no podría tener ningún valor literario. ¿Cómo alguien como yo, con apenas un certificado de estudios primarios, puede tener la pretensión de aportar algo a nivel literario?, era su reclamo.

Yo entiendo que muchos ejecutivos de compañías discográficas que cuentan con una preparación académica muy superior a la mía, y quienes en algún momento trabajaron bajo mis órdenes, intenten encontrar un resquicio para ningunearme, pues durante décadas, en el cuerpo a cuerpo siempre requirieron plegarse a mi empuje, creatividad y resultados. Desde que estoy alejado de los puestos de poder, con mi sentido de la libertad e independencia, también les he dado guerra mientras he podido, y aún sigo en ello.

Desde luego, nada está más lejos de la realidad que pretender convertirme en escritor. Ser escritor son palabras mayores, así lo creo yo. Mi intención con este relato sólo es compartir los acontecimientos y experiencias que forman parte de mi vida personal y profesional, pues estoy convencido de que el público merece saber la verdad. Por eso escribo.

Este libro también tiene un carácter reivindicativo. Desde los ocho años de edad tuve que luchar para poder salir de un barrio humilde, realizando trabajos muy pesados, y aprendí a no callarme, a menos que me cerraran la boca.

Creo que el resultado de las vicisitudes que el mundo atraviesa en gran parte se debe a la falta de transparencia, la cual ha desembocado en una profunda desconfianza. Ya nadie se fía de nadie. Ahora los intereses económicos son más importantes que la decencia, y el dinero ha sido el lema de los últimos veinticinco años.

No estoy de acuerdo con los caciquismos, la opresión, la ignorancia, el "por cojones", los clanes que aplican sistemas medievales y, lo más grave, el derecho de pernada. Todo eso y más, han corrompido la ilusión sustituyéndola por posesión.

Nadie explica y prepara a los jóvenes sobre lo que se les avecina si se quedan en la parte baja de la pirámide. Quieren matar el pensamiento y al pensador, premiándolo con veinte mil insignificantes euros, la mitad de lo que gana en un año un obrero en Estados Unidos. ¿Qué ha pasado? Fui mucho más feliz cuando mi padre me compró una bicicleta BH que cuando por mí mismo conseguí tener dos Mercedes y un Porche.

Podría continuar de manera interminable justificando el porqué escribo, mas espero perdonen mi intromisión en esto de contar cosas poniéndolas en un papel. Los que conocen la historia y los que les importa un bledo, sabrán hacerlo Pero quienes quieren enterarse de una historia real, bienvenidos.

Como hijos míos y no de los autoproclamados "creadores de artistas", quiero contar la verdadera historia de cómo nacieron grandes estrellas como Yuri, Tatiana, Daniela Romo, Mijares, Rocío Banquells, Pandora, Lucero, Fandango, Alejandra Guzmán, Paulina Rubio, y muchos más, así como la manera en que dio inicio una época que cambió la historia de la música en México, pues hasta 1984 había sido un país invadido por música y artistas extranjeros.

La información compartida en este libro devela un mundo que ha permanecido oculto para la mayoría de las personas. Con esta historia desnudo mis vivencias y anécdotas acerca de los principales y más grandes artistas musicales mexicanos, utilizando la única vía: la verdad.

Miguel Blasco Carabia

Mis inicios en España

Las cosas nunca suceden como fruto de la casualidad. Desde el año 1959, en que estoy ligado al mundo del espectáculo y de la música, ya me atribuían una capacidad de visión poco común para la época.

Miles de maravillosos recuerdos se agolpan en mi mente. Me gustaría darles cabida a todos ellos en esta narración. No obstante, quiero que prevalezca el equilibrio y la sinceridad al abrir mi corazón. No me gustaría convertir este relato en un vertedero de lamentos e ingratitudes, ni nada parecido, pues en realidad no hay nada que deba lamentar.

Creo que lo más importante o uno de los factores primordiales en el desarrollo del ser humano es afrontar los cambios. En el mundo discográfico, aferrarse al pasado, pretender frenar el reloj o pensar que el tiempo sólo corre para los demás, puede acabar convirtiéndote en un resentido o en un crítico musical. Conozco a muchas personas que nunca aceptaron los cambios ni evolucionaron, y terminaron por convertirse en víctimas de su propio pensamiento.

En lo personal, cada día de mi vida he ido acumulando en el pequeño almacén de bravura, algunas dosis de valor. Por esa razón, nunca se me ha dificultado cambiar de actividad o dar un enfoque distinto a mi trayectoria, tanto personal como profesional.

Buena prueba de ello es que durante diez años (de 1959 a 1969) salté a la fama como uno de los mejores cantantes de Rhythm & Blues de mi país, lo que hoy podría ser la versión masculina de Amy Winehouse. Esa vivencia me permitió compartir escenario con leyendas de la música como Kings, Animals y The Troggs, así como tener experiencias profesionales con Bill Wyman, de los Rolling Stones, Jimmy Hendrix, y un sinfín de auténticos genios de la música de los que se podía aprender mucho.

El ejército provocó el primer cambio de rumbo en mi vida profesional. Tras ese paréntesis durante el cual realicé el servicio militar, muy productivo y de gran aprendizaje, regresé al mundo de la farándula, como se solía llamar al entorno artístico. No cabe duda que ese breve espacio de catorce meses dedicados a la milicia me hizo recapacitar y darme cuenta de que era tiempo de hacer una reconversión en mi vida.

Tras varios intentos en Londres y en Madrid buscando una nueva salida que mejorara mi situación económica y profesional, tuve la oportunidad de trabajar como *disc jockey* durante un par de años. Al menos ello me permitía estar más cerca y en contacto con el mundo de la música, mientras aparecía la puerta mágica que me llevara hacia las estrellas, con la cual todos soñamos a cierta edad. Debo reconocer que la experiencia como DJ fue muy enriquecedora. Esta actividad permite influir en el estado de ánimo de la gente, y hacer que se mueva, salte o se abrace, dependiendo de los distintos ritmos musicales, y la verdad fue muy divertido, y a la vez muy revelador e importante para mi formación profesional.

Desde ese escaparate, a diario me encontraba con decenas de personas relacionadas con el negocio de la música, y así fue como surgió la oportunidad de incorporarme a la industria discográfica. Fue una noche en que apareció Ramón Segura, a quien yo conocía porque fui uno de sus artistas cuando él era jefe de ventas en Discos Vergara, y me propuso incorporarme a Ariola, compañía que se estaba iniciando (principios de la década de los setentas).

Desde el mismo instante en que me vi ocupando un puesto directivo en una empresa dedicada a la música, me hice la promesa de jamás comportarme de la manera altanera y degradante, habitual en los ejecutivos de la época. En realidad, no significa que los tiempos hayan cambiado, probablemente ahora sea peor, pero antes existían treinta compañías discográficas, y actualmente sólo hay cuatro.

Por eso siempre he recibido a todas las personas que se han acercado a mí y he procurado evitar el trato denigrante, tan común hacia los artistas que inician su carrera. También estoy en desacuerdo con los programas tipo *reality shows* musicales, en donde los jurados degradan, insultan y maltratan a los jóvenes que ponen toda su ilusión en esas competencias. Me encantaría ser Batman y aparecerme ahí para partirles la cara. Ahora nuevos talentos son fustigados por gente frustrada. ¡Es vergonzoso! Y a ellos, ¿quién los juzga?

Dentro de mis posibilidades, he tratado de ayudar a quienes he podido. Puedo afirmar y asegurar que de una manera u otra he apoyado a más de la mitad de los artistas españoles y mexicanos. En mi papel de productor o como ejecutivo discográfico, siempre los traté con el merecido respeto. Soy de la idea de que toda aquella persona que, con cualidades o sin ellas, se atreva a enfrentarse a un micrófono y a un público, merece respeto. ¿Quién se ha sacado de la manga la idea de que se debe humillarla con la finalidad de lograr una mayor audiencia? Sigamos embruteciendo al público para poder vender discos o *pendrives* repletos de sonoros "tam tam" y guturales rugidos. Estamos a un paso.

En el año de 1973, cuando era director de promoción de la compañía Ariola en Madrid, tuve la fortuna de desarrollarme como director artístico y supervisor de ventas (en esos tiempos aún no existía la figura de director de marketing). Con nosotros nacieron muchos éxitos. Uno de ellos, probablemente el más importante a nivel internacional, fue Camilo Sesto, y junto a él otros artistas de gran renombre como Peret, Juan Pardo y Rocío Durcal. También tuve la suerte de trabajar con el inigualable Manuel Alejandro, a quien en esos tiempos le dio por ser cantante, y grabamos un disco intitulado *A mis treinta y tres años* (por cierto, vender, lo que se llama vender, no lo hicimos, pero la pasamos genial).

Después de tres años de incesante trabajo como director de promoción, o como un "tres en uno" para la Compañía Ariola, las ofertas de trabajo me llovieron, pues los éxitos eran ininterrumpidos. Tuve la disyuntiva de elegir entre trabajar con CBS o con Hispavox, y opté por la más difícil: Hispavox. Creo que Tomás Muñoz, en ese tiempo director general de discos CBS de España, nunca me perdonó haber rechazado su oferta, pero el motivo real de mi decisión fue un acto de fidelidad a Valencia, mi patria chica, pues los dueños de Hispavox eran valencianos, y el reto de levantar una compañía en crisis, que sin duda alguna fue la pionera en producto local, además de ser la más grande por la mano del histórico Rafael Trabuchelli –director artístico de esa compañía y probablemente el director artístico más grande de la música española–, era mucho más atractivo que montarme en el glamuroso carro de CBS.

Nueve años en Hispavox me dieron la capacidad y el entrenamiento suficiente para posteriormente crear un grupo de trabajo que fue demoledor.

En Hispavox comencé a trabajar con José Luis Perales para conseguirle su primer "Número uno"; y también logré un fulgurante triunfo con los Eagles, y alguno que otro éxito más.

Tras la incorporación (ocho meses más tarde) de José Luis Gil como vicepresidente de Hispavox, dio inicio una actividad creadora y de desarrollo febril. En apenas cinco años nos habíamos convertido en la empresa líder del mundo discográfico hispano. Raphael, Alberto Cortés, Paloma San Basilio, José Luis Perales, Nacha Pop, Alaska y Dinarama, Pedro Marín, Enrique y Ana, Radio Futura, e incluso Mecano, que se inició en nuestros estudios de grabación, fueron la tarjeta de presentación del esfuerzo de un gran equipo de trabajo. Este equipo, capitaneado por mi gran amigo José Luis Gil, hizo de Hispavox la empresa discográfica líder de la década de los setentas.

Nunca me consideré un genio, mi éxito se debía básicamente a la capacidad de aplicar con acierto el conocimiento acumulado en tres lustros de éxitos ininterrumpidos.

Mi adorado México

Corría el año 1984. Con el anhelo de cambiar el rumbo de mi vida, acababa de abandonar la compañía discográfica Hispavox, en la que había trabajado por más de nueve años y en la cual había logrado innumerables éxitos musicales, cuando por mera casualidad fui invitado por Televisión Española a viajar a México para asistir al Festival OTI de la Canción, que ese año se realizaba en la Ciudad de México.

No era la primera vez que visitaba México, pues en anteriores ocasiones había tenido la oportunidad de viajar a ese país como ejecutivo de Discos Hispavox en misiones de control y desarrollo de la compañía mexicana Gamma, la cual era su filial.

Sin siquiera imaginarlo, ese viaje a México marcaría el inicio de una de las etapas más brillantes de mi carrera profesional.

Yo siempre le he tenido un especial cariño a la música mexicana, pues cuando era niño y vivía en un pueblo cercano a Valencia, la ciudad donde nací, mi siempre recordada madre me cantaba las canciones que en ese entonces sonaban en la radio, y debo confesar que la gran mayoría eran interpretadas por artistas latinoamericanos. Lorenzo González cantaba: *Cabaretera, no ocultes más tu pena.* Pedro Infante, *Aquimichú va mi burrita, que marcha enojadita porque no le di su alfalfa, porque no le di su maiz.* Y con guitarrita en mano yo simulaba tocarla, acompañando a mi madre que me cantaba todas esas canciones. También sonaban las canciones de Miguel Aceves Mejía y un sinnúmero de artistas que en los años cincuenta estaban muy de moda en España. Así, con cinco años de edad, yo era feliz cantando canciones mexicanas.

México es un país al que se debe amar sin reservas, sobre todo si eres una persona bien nacida y de él viviste durante más de una década. México es generoso, alegre y repleto de bellos contrastes. Muy pocos han tenido la fortuna de conocerlo tan a fondo como yo, que prácticamente recorrí toda su extensión.

Como más adelante relataré, fui productor de muchos artistas mexicanos, y siempre tuve por costumbre acompañarlos a sus presentaciones, sobre todo cuando lo hacían en palenques. Me apasionaba mucho ese espectáculo, y me impresionaba cómo después de las furiosas peleas de gallos, sobre la arena bañada de sangre, hábilmente extendían un tapete rojo de franela, como las muletas de los toreros, sobre el cual los encargados de montar el equipo de sonido desarrollaban el frenético ritual de instalar amplificadores, micrófonos y toda la parafernalia para que el artista en suerte presentara su espectáculo.

En ese tipo de fiestas se conoce la auténtica cara de México, la cual es imposible describir; es necesario estar allí para entender su significado. Allí se puede ver el rostro del público muy de cerca, y hasta sentir los latidos del corazón de las personas cuando escuchan las canciones que las emocionan y tocan sus fibras sensibles.

Precisamente, esa proximidad con el público me permitía identificar su gusto como consumidor de discos, y la orientación que convenía dar a mi trabajo.

Quizás mi llegada a México fue, como casi siempre ocurre, obra de la providencia: en aquella ocasión en que asistí al festival OTI, me encontré con Luis Moyano. Él era un hombre profesionalmente preparado en las filas de la compañía discográfica Gamma, y ya sabía a quién debía sus conocimientos profesionales, ya que de trabajar de segundo de a bordo en una compañía pequeña se integró en un grupo como el nuestro que estaba desarrollando una labor brillantísima en España y posteriormente en México, eligiéndolo a él como director de Gamma. Pues bien, en esos días Luis había sido nombrado Director General de EMI-Capitol de México.

Como buen conocedor de mi historial profesional en España por haber compartido algunos años de camaradería en Hispavox, propietaria de la filial mexicana Gamma, Luis se alegró enormemente por el encuentro, y como estaba al tanto de mi insólita dimisión como presidente de discos Hispavox, me propuso que colaborara con él en el desarrollo de EMI-Capitol en México.

Me dijo: "Papacito, ¿por qué no te quedas en México y me ayudas a buscar nuevos talentos musicales?".

Esa propuesta significaba un reto muy interesante para mí, pues suponía abandonar mi tierra para poner en práctica la experiencia de años de trabajo en Hispavox y Ariola. Siempre me han atraído los retos difíciles, y esta ocasión no era la excepción, por ello acepté gustoso.

De mi mano nació toda una generación de artistas que marcó una década de resplandor, desarrollo e internacionalización de la música mexicana. Tengo el orgullo de ser el productor discográfico que mayor número de artistas ha descubierto, así como de su internacionalización.

Mi experiencia con artistas mexicanos había iniciado tiempo atrás, en la época en que era director artístico de Hispavox en España. Nuestra compañía hermana de México (Gamma) nos había enviado un disco que habían grabado con una jovencita veracruzana, de nariz colorada y peinada con dos trenzas. Nos pidieron ayuda porque tenían mucha fe en ella y la querían promover. En ese entonces, la mocita no contaría con más de catorce o quince años de edad. Se trataba de Yuri, con quien comenzamos a trabajar en la producción sus discos. Más adelante relataré la historia de cómo inició la carrera artística de Yuri y algunos acontecimientos relacionados con ella.

Una vez que empecé a cosechar éxitos en México, dejé de considerar la idea de proseguir mi desarrollo profesional en España. Por cierto, en esa época los ejecutivos de las compañías discográficas hispanas tenían muy poca fe en los artistas mexicanos, y mis producciones no eran bien aceptadas. Paradójicamente, ahora esas compañías dependen en gran medida del mercado hispano-mexicano.

Muchos de los ejecutivos de compañías discográficas de aquella época ahora son directivos de grandes corporaciones musicales en Miami.

En México, un mundo de expectativas se abría, y todas las compañías mexicanas querían que Miguel Blasco produjera para ellas. Por eso, Luis Moyano se apresuró a firmarme un contrato de exclusividad para EMI-Capitol, pues no quería compartir su hallazgo con nadie más.

TATIANA

Poco tardamos en encontrar la primera piedra sobre la que comenzamos a construir un gran elenco de primerísimas figuras.

Una noche, Luis Moyano me invitó al antiguo Televiteatro, en donde se representaba la obra musical *Kumán*. Aquella noche fue cuando me percaté que en México había una gran cantera de artistas jóvenes a la vista de todo el mundo, pero nadie se había dado cuenta del gran potencial que tenían. Eran como diamantes en bruto, sólo precisaban de la dirección necesaria para poder convertirse en grandes estrellas.

Esa impresión me dio una morenita de grandes ojos, que con bastante riesgo para su integridad física, se balanceaba por un puente colgante, el cual atravesaba el patio de butacas del teatro. Quedé tan perplejo e impresionado por el ímpetu y la ilusión de esa chica, que le comuniqué a Luis mi deseo de conocer a esa atrevida criatura, sin imaginar que sería la primera artista de mi nueva aventura musical como productor independiente en México.

Después de haberme presentado con Tatiana, le propuse firmar un contrato con Capitol para hacer la grabación de un disco en España. Todavía recuerdo el brillo de sus ojos; estaba muy sorprendida. A veces es difícil creer que los sueños se pueden convertir en realidad, pero muchas veces están más cerca de lo que se puede imaginar. Teniendo fe, todo es posible.

Unos meses después de aquella conversación, Tatiana se encontraba en Madrid grabando su primer disco de larga duración. Algunos de los temas grabados en esa ocasión se convertirían en grandes éxitos, como fueron: *El amor no se calla* y *Nunca me esperas*.

Ese primer disco y la frescura de Tatiana, en pocos meses la catapultaron a los primeros lugares de las listas de popularidad y de ventas. Sin duda, creo que fue una gran sorpresa para todos, y desde luego yo era el primer sorprendido. Fue como llegar y besar al santo. Por eso a Tatiana la llamo "mi talismán".

Este disco fue el primero de muchos éxitos cosechados por Tatiana en el mercado mexicano. *Chicas de hoy* fue el tema que más la proyectó como intérprete pop, convirtiéndola en espejo del mercado juvenil. De manera muy inteligente, la mamá de Tatiana, que era el cerebro en la sombra de la artista, inició una línea de ropa juvenil muy fresca. Finalmente, no sé cómo habrá funcionado ese proyecto, pero la idea era buena.

Años más tarde, me encontré con un personaje de esos que hacen discos rápidos, quien estaba grabando un disco de Tatiana, y me comentó del gran éxito de Tati en el mercado infantil. Me alegro por todo lo bueno que le pase. Es una gran persona. Sé que su vida personal no ha sido un camino de rosas, pero de cualquier forma anhelo que en todo le vaya bien y que sea tan feliz como yo deseo.

Y con Tatiana fue como comenzó mi noviazgo con mi queridísimo México.

PANDORA

¿Cómo nació Pandora? Lo recuerdo como si fuera ayer. Acababa de aterrizar en la Ciudad de México procedente de Madrid, después de un vuelo de catorce horas con escala en Montreal, Canadá. Eran las primeras horas de la mañana, cuando sonó el teléfono de mi habitación en el hotel María Isabel Sheraton, que durante años fue como mi hogar.

Era la voz de Luis Moyano la que se escuchaba del otro lado del teléfono, con ese peculiar tono lastimero característico en él. Me rogó ayuda para sacarlo de un apuro personal. El gran problema consistía en el asedio de su querida amiga Maricholes.

Según me decía, Maricholes se había presentado en su oficina acompañada con sus tres sobrinitas, pidiéndole ayuda para convertirlas en cantantes. Moyano necesitaba mi apoyo para salir airoso del trance, pues no sabía cómo deshacerse del compromiso y quedar bien con su amiga. Por ello, me rogó que aunque sin afeitar y muerto de cansancio por el viaje, acudiera a audicionar a las famosas sobrinitas y dijera cualquier cosa que las dejara contentas. Él pensaba que una excusa pronunciada por mí tendría mucho peso, debido a mis conocimientos artísticos tan promocionados por él mismo.

Nunca podré olvidar ese día. Aunque pasaran mil años, muchos más, jamás se borrará de mi mente el momento en que entré al despacho de Luis. Su simpatiquísima amiga Maricholes y sus tres sobrinitas, Maite, Isabel y Fernanda, con guitarra en mano, me estaban esperando impacientemente, y sin darme tregua ni cuartel, me atacaron en tan temprana hora con todo un acervo de canciones. La verdad sea dicha, no lo hacían tan mal como Luis me lo había pintado. La que tenía la voz más agradable era Fernanda, Isabel era bastante estridente y Mayte tenía unos agudos muy aprovechables.

La cara complaciente de Luis estaba relajada y radiante; por fin podía quedar bien con su amiga, quien estaba henchida de felicidad. Maricholes era una señora tremendamente simpática y agradable que dio a la reunión un ambiente tan positivo, que al poco rato parecíamos amigos de toda la vida. (Un gran beso para ella.)

Muy poco se imaginaba Luis Moyano que a Miguel Blasco se le ocurriría una idea para las tres mozuelas, quienes pasarían de empleadas de un kínder a estrellas de la canción.

Francamente, cuando me apeaba del carro de la fantasía, ni yo mismo estaba seguro de que la idea fuera a funcionar. Pero lo que más me animaba era saber que el mercado estaba necesitado de algo diferente. Este negocio de la música a veces no tiene sentido. Había un gran núcleo de gente a quien le podrían encantar tres niñas de sociedad, con aspecto común, nada sofisticadas, cantando canciones románticas y baladas de amor. Eran lo menos parecido al estereotipo común de un artista, pero ahí radicaba el truco. Muchas veces el público no entiende de sofisticaciones, por ello los líderes de ventas siguen siendo los grupos de música norteña, que continúan vendiendo millones de discos.

En la compañía, pocos imaginaban que unas semanas más tarde yo regresaría a México con varios temas debajo del brazo y una idea bastante clara del proyecto.

Luis no acababa de creerse el asunto de las Pandora (que es el nombre del grupo formado por Mayte, Isabel y Fernanda), debido a lo cual le recomendé que les firmara un precontrato mientras se veía por dónde caminar con ellas. La alegría de las chicas no tenía espacio. Daban saltos de alegría junto con mi compañero de equipo, Gian Pietro Felisatti (quien durante dieciséis años fue uno de mis colaboradores más fieles y aduladores, aunque después fue el más desleal, pues se aprovechó de que yo no visitaría México durante un tiempo y se hizo responsable de cobrar muchas decenas de miles de dólares de un disco que él no produjo).

En el pequeño estudio de EMI realizamos pruebas de voz sobre los demos ya seleccionados para las Pandora, y aquello parecía funcionar. Todo empezaba a cuadrar: las canciones, los tonos y, lo más importante, el concepto del grupo.

Yo había pedido a Luis Moyano su presencia en el estudio de grabación para mostrarle los excelentes resultados de las grabaciones, pero se dilataba en aparecer, lo cual me hacía pensar que no tenía mucho interés en el proyecto. En su lugar, atraído por la curiosidad apareció Charles Andrews, quien era el Presidente Regional de la compañía. Quedó tan sorprendido con las pruebas, que salió de inmediato a buscar a Luis, quien también quedó gratamente asombrado.

Abrazos, besos, ternura, tanta pasión, tanta locura, como canta Julio. La verdad es que contagiamos el entusiasmo a todos los que estaban ahí presentes. La compañía estaba volviendo a la vida. De nuevo un proyecto comenzaba con el pie derecho. Desde las secretarias hasta el policía de la puerta estaban felices.

Las chicas encantadas, nosotros contentos, y el segundo proyecto con EMI-Capitol comenzaba a tomar el color de un gran descubrimiento. "¡Soy genial!", debió haber pensado Luis Moyano, pese al desdén manifestado en un inicio.

Con el proyecto de Pandora aceptado, contentos regresamos Gian Pietro Felisatti y yo a España para preparar el resto del repertorio. En Madrid contacté a Hernaldo Zúñiga. El chico no había tenido demasiada suerte en su carrera. Le habían producido Juan Carlos Calderón y Manuel Alejandro, probablemente los dos mejores compositores y productores que España haya tenido jamás, junto a mi admirado Pérez Botija, pero en definitiva, en ninguno de los intentos había tenido suerte. Cuando conocí a Hernaldo no estaba atravesando el mejor momento de su vida.

Algunos miles de dólares de mi bolsillo, acostumbrado a brindar ayuda pronta, permitieron que Hernaldo sobreviviera. Probablemente en la actualidad, dos o tres mil dólares pueden sonar ridículos, pero en 1985 eran una fortuna. Le tomé un par de canciones de su autoría y así le posibilité entrar a formar parte del gran equipo integrado por Felisatti, J.R. Flórez, Cerrone, Luis Carlos Esteban, El Boli, Gastaldo y César Valle, quien era conocido como el equipo de Miguel Blasco. Pero el chico ya lo tenía todo previsto. Poco tiempo después, no había quien pudiera tener una mujer más guapa, comer en mejores restaurantes ni fumarse los mejores *Cohibas* del reino que Hernaldo. ¡Qué arte, chiquillo, cómo te lo has montao!

Los más grandes éxitos de Pandora fueron *Cómo te va mi amor, Sólo él y yo* y *Como una mariposa,* entre otros. Eran imparables. El éxito alcanzado sobrepasó todas las expectativas de ventas imaginables en un mercado mexicano un poco deprimido tras el sexenio de López Portillo. Nadie podía creer que Pandora llegara vender un millón de discos en su primer intento. Este suceso conmocionó a la industria discográfica, animando a otros a realizar intentos similares. Definitivamente es necesario que alguien se arriesgue para que el camino se abra.

Yo creo que por haber nacido bajo el signo de Aries, Dios me dio la facilidad de ser un pionero, y en esta ocasión volvió a quedar demostrado.

Quiero compartir una anécdota muy curiosa de Isabel Lascurain. Desde la primera grabación, Isabel me pidió que entrara a la cabina del estudio y tomara su mano, pues de esa forma ella se sentía más segura para cantar. Así, con cada apretón de mano le ayudaba a encontrar mejor el tempo, y a la vez la ayudaba a afinar. Para mí era una situación muy tierna. Sé que los comienzos no siempre son fáciles, y aquello que para mí era el pan de cada día, para Isabel significaba un gran reto. Ese apoyo muchas veces es importantísimo, y yo lo hacía encantado. Estar frente a un micrófono impone muchísimo a cualquier artista, mucho más si está comenzando. Después fue algo innecesario. Así es la vida. Los artistas son como bebés: una vez que crecen, ya no se acuerdan de los cuidados y cariños con los que aprendieron a caminar.

A decir verdad, las chicas de Pandora siempre me trataron con mucho cariño, y afectuosamente me llamaban "jefe".

César Costa

La ternura, la sencillez y la amistad son cualidades muy difíciles de conjugar en una misma persona, mucho más en una familia. Sin embargo, la familia de César Costa era la excepción.

Uno de los privilegios del ser humano es encontrar en la vida personas como César Costa, Gilda, su esposa, y sus dos maravillosas hijas, quienes en una ocasión me dieron por muerto, sin saber que era yo quien bajaba en una camilla deslizándose sobre la nieve y asistido por el *sky patrol* de Vail, Colorado.

Si alguna vez la vida te niega, nunca pierdas la esperanza. Probablemente encuentres a personas como los Costa. Ser su amigo corresponde a esa parte equilibradora y enriquecedora que ayuda a lidiar con tanta mezquindad, egoísmo y mala educación. Todo ello tan común en este negocio. Aunque al final no todo fue rosas.

Querido César:
Siento no ser más extenso al hablar de ti. Prefiero guardar esta imagen y las demás de tu familia que guardo en mi corazón, a recordar las palabras pronunciadas a Jaime Sánchez Rosaldo la noche del asalto. ¡Qué pena! Yo por ti sí hubiera madrugado.

En ese momento, todo se desarrollaba con enorme rapidez. Los compromisos se multiplicaron cuando Luis Moyano hizo un pacto con el presidente de Warner, de compartir a Miguel Blasco.

Fui autorizado a realizar dos producciones anuales para Warner. De ahí que tuviera la oportunidad de conocer a César Costa. Juntos realizamos la producción de un disco que doce años después, y aún sin alcanzar los objetivos deseados, recordamos como uno de los mejores para ambos.

Para la producción del disco que grabamos para Warner, César pasó algunas semanas en Madrid, y de ahí nació una amistad solidificada por el tiempo. Amistad que no exigía la constante presencia ni llamadas telefónicas para mantenerla. En algún lugar tengo una fotografía en donde estamos César, Gilda y yo en un restaurante de mariscos, donde se aprecia el montón de desdichados crustáceos desaparecidos en nuestras despiadadas fauces. Qué sesiones nos dábamos en el restaurante "Los Chavales". Ácido úrico del bueno, lo mejor para el mal de gota.

Rocío Banquells

Era el año 1985, y Warner estaba un tanto escaso de elenco. Quizás por ello, René León, presidente de esa compañía, acordó con Luis Moyano compartir mi colaboración.

Durante una reunión en las oficinas de la calle Acapulco, René me mostró un LP de una obra de teatro representada por todo el país. En la contraportada del álbum podían apreciarse las fotografías y nombres de los personajes que participaban. De entre ellos me llamó la atención una chica que, según recuerdo, llevaba sobre su cabeza una boina roja. Precisamente de ella me quería hablar René León. Se trataba de Rocío Banquells.

René me contó que Rocío había representado en teatro la obra musical *Evita*, y que había grabado varias telenovelas para televisión, especializándose en papeles de villana.

En realidad, para entonces yo no entendía muy bien la razón por la cual le decían "La Villana", pero después de haber trabajado con ella en dos discos, me quedó más que claro.

Debo mencionar que desconozco si ella se comportaba como una villana debido a problemas personales, los cuales no son de estilo relatar, o bien por la influencia de cierto personaje, de nombre Jorge Berlanga, quien después se convirtió en su marido.

Durante casi diez años (de 1984 a 1993), dividí mi vida entre México y España. Generalmente pasaba quince días al mes en México, y aprovechaba para viajar a Acapulco los fines de semana. Esos días en la playa me permitían reflexionar, hacer un balance de mi trabajo y adquirir un bronceado que era la envidia de todos.

Desafortunadamente, me vi obligado a romper esa costumbre, cuando un descerebrado borracho intentó darme lo que en México se conoce como el "sabadazo".

Un viernes, acababa de llegar a Acapulco y me encontraba en mi habitación del Hotel Acapulco Plaza, cuando recibí una llamada de René León. Me dijo que si quería ver en vivo a Rocío Banquells, sólo teníamos una oportunidad, y para ello era necesario viajar a Guadalajara, Jalisco, pues precisamente ese fin de semana concluía su gira.

Sin pensarlo dos veces, tomé un avión de regreso a la Ciudad de México, dejé las maletas en el Hotel María Isabel y regresé al aeropuerto para tomar un vuelo a Guadalajara y poder asistir a la presentación de la artista, que era esa misma noche.

Yo estaba acostumbrado a este tipo de ajetreos. Casi media vida me la había pasado buscando nuevos talentos, para después darles forma y lanzarlos como estrellas; en fin, viajaba por todas partes, pues de cualquier rincón me llamaban mis oteadores para informarme de algún posible hallazgo.

Cuando hacía acto de presencia para ver a algún artista, lo normal era que me recibieran con los brazos abiertos y alborozados. Luego, cuando el éxito los alcanza, su actitud suele cambiar, y hasta llegan a decir: "¡Qué suerte tuviste al encontrarme!". Con Rocío Banquells así sucedió, o peor, creo yo.

En esta ocasión asistí al teatro sin advertir a nadie de mi presencia. Ahí me quedé hasta el final de la representación. Quería saber cuáles eran las dotes artísticas de Rocío, y sólo en el anonimato podría evaluarlas objetivamente.

La impresión fue muy buena. Rocío tenía una excelente voz y era una magnífica intérprete. No obstante, había que pulir algunos detalles, pero el diamante en bruto estaba allí frente a mis ojos y mis oídos.

Siempre tuve una gran facilidad para evaluar rápidamente las cosas necesarias de cambiar en un artista para que fuera del agrado del público y a la vez darle un sentido comercial al disco.

La mayor parte de las veces, un pequeño retoque o un acertado consejo eran suficientes para dar a luz éxitos tan fulgurantes como lo fue *Luna Mágica*. En el caso de Rocío, desde un principio tuve muy claro lo que se debía hacer. Si lograba que esa chica dejase de gritar como una posesa, junto con un par de detalles más, el éxito estaría asegurado con un repertorio acertado.

Al terminar el espectáculo, me dirigí al camerino de Rocío para hablar con ella. Después de las presentaciones de rigor, nos fuimos a cenar para poder conocernos un poco, pues "un mucho" la conocería después.

Hablé con René León una vez que estuve de regreso en Madrid, y le hice saber mis impresiones sobre Rocío, y en todas ellas coincidimos. Una vez más me puse manos a la obra, y antes de lo que nadie pudiera imaginar, el *Dream Team* ya tenía preparado el repertorio del primer disco de Rocío Banquells.

Así, en muy pocos meses el mercado discográfico se sobrecogía con el éxito atronador de *Luna Mágica*.

En ese tiempo, era poco comprensible que artistas completamente desconocidos saltaran del anonimato al estrellato más espectacular de manera casi instantánea. Era algo insólito. Debido a eso, algunos analfabetas de la crítica me tachaban de hacer discos como churros. Lo que daría cualquiera de la industria por saber cómo se hacían churros de esos que yo hacía: churros de un millón de churros por churro. ¡Toma ya! El deschurrizador que me lo deschurricé buen deschurrizador será. Entiendo la molestia de algún ex ejecutivo por esta realidad. Yo no intento atribuirme nada que no esté demostrado; mientras muchos tuvieron ante sus narices a artistas que de mi mano alcanzaron éxitos fulgurantes, ellos fueron incapaces de ver su potencial. No me culpen ni se enojen... ya pasó.

El primer disco de Rocío alcanzó ventas superiores a 600 mil copias, y en muy poco tiempo la cifra se incrementó a un millón. De la noche a la mañana, de hacer papeles de villana, la artista pasaba a ser solicitada por todos los empresarios de mi querido México. Se convirtió en la heroína del cuento de hadas.

Durante la grabación de su primer trabajo, Rocío se comportó de una manera muy disciplinada y respetuosa, tanto con el repertorio elegido como en el desempeño de su equipo de trabajo.

Recuerdo que durante su estancia en Madrid, su mánager y futuro marido se deshacía en elogios y agasajos hacia todos nosotros. Nos invitó al fútbol y nos presentó a Hugo Sánchez. En fin, "cantarito nuevo, agua fresca". (¿Recuerdas, Huguito, las carreras que nos echábamos tú con tu Corvette y yo con mi Porche?)

No es sencillo pasar de la nada al todo; del montón, a la cúspide. Para estar en condiciones de digerir el éxito, se precisa de una enorme preparación como ser humano. Sé que no descubro el hilo negro con esta afirmación; la historia está repleta de ejemplos, películas y libros que plantean esta situación. Ídolos con pies de barro, pero nadie hace caso. Cuando llega el momento, todos piensan que a ellos nunca les va a pasar. Es como los accidentes de tráfico. Todos pensamos que manejamos muy bien, y estamos lejos de padecer un percance. Pues ahora bien, igual que en el símil del tráfico, las imprudencias se pagan.

Me he comprometido a contar la verdad, lo estoy haciendo, y lo haré hasta el final. De todas formas, procuraré ser benévolo, sin faltar a la verdad.

¿Qué paso después?

Cuando alguien ya está acostumbrado a casi todo en esta vida, hay pocas cosas que puedan sorprenderlo; sucede lo que debe suceder. Si no era en el segundo disco, sería en el tercero o quizás en el cuarto. No importa, lo cierto es que tenía que ocurrir.

Todo estaba preparado para realizar la grabación del segundo disco de Rocío: el diseño gráfico, las canciones, todo, absolutamente todo estaba listo. Al igual que la primera vez, la grabación se haría con el mismo equipo, en el mismo estudio y con el mismo entusiasmo. Sólo faltaba que Rocío llegara a Madrid para grabar la voz y luchar por el segundo éxito.

En este negocio, como en otros muchos, cada vez que se graba debe ser como si fuera la primera vez: con muchísima ilusión, ganas, respeto y, siempre, un poco de cariño hacia lo que se está haciendo y hacia los demás.

Debido a la gran cantidad de trabajos que se realizaban en un mismo tiempo, yo debía trasladarme a Brasil para desarrollar una producción con Nelson Ned, lo que coincidía con la llegada de Rocío.

Recibí a Rocío y compañía, y desayunamos en el hotel. En ese desayuno estaba Toni Luz, gran creativo que colaboraba en el diseño gráfico. Le presentamos la idea del disco, la cual para el momento era muy novedosa. Se trataba de utilizar una fotografía normal, sobre la cual posteriormente se pintaba a mano aplicándole un tratamiento especial, con un resultado muy bello. Se le enseñó la maqueta de la portada y a todos les pareció una idea fantástica.

Pues bien, el genio o gnomo de Berlanga dijo a todo el mundo que la idea había sido de él. A decir verdad, este tipo es uno de los personajes con el rostro más duro jamás conocido. Lástima que haya gente como él, que vive y necesita de las ideas de los demás para poder sentirse alguien. En fin, no merece hablar más de él.

Volviendo al caso que nos ocupa, aparentemente todo estaba bajo control.

Expliqué a Rocío todos los pormenores de la situación y le comuniqué que en mi ausencia grabaría la voz con J.R. Flórez, Felisatti y el ingeniero de sonido, el afamado José Antonio Álvarez Alíja (El Boli). Así, a mi regreso de Brasil, si creía conveniente retocar algo, lo haríamos. Ella estuvo de acuerdo, y partí a Brasil encantado de la vida.

El caso es que en mi ausencia las cosas no marcharon como estaban previstas. Desde Brasil hablaba a diario con mi equipo de trabajo, y al parecer ya habían saltado chispas entre Felisatti, Flórez y la nueva e intransigente estrella, quien apoyada por su "talentoso" marido, ya quería decidir sobre las canciones, los arreglos, etc. Según creían, en un año ya habían aprendido y sabían más que nadie sobre el mercado de los discos.

Dada esta situación y por encontrarme tan lejos, francamente me sentí muy mal. Estaba muy preocupado y a la vez contrariado. Todavía hubiera sido más lógico que esto sucediera en la grabación del tercero o cuarto álbum, pero ¿al segundo? Ya no entendía nada.

Para colmo de males, si normalmente es difícil resolver este tipo de situaciones, con la presencia del presidente, René León, parece ser que todo se encrespó más de la cuenta. A mi regreso a Madrid debía tomar medidas drásticas, pues parecía que todo se estaba yendo al traste y el ambiente no era el más propicio para continuar con las garantías mínimas de que se lograra un buen trabajo.

De hecho, las declaraciones posteriores a la grabación, durante la entrega de su segundo disco de platino, logrado con el éxito de nuestras canciones, demostraron su desorientación cuando alababa las canciones con las que no pasó nada, con todos mis respetos a los autores de esos temas que seguramente tuvieron algún éxito en algún momento. Hubiera sido más ético y responsable que habiendo grabado temas suficientes como para tener varios éxitos, tensara la cuerda innecesariamente hasta romperla.

Después del segundo éxito que le dimos, hubiera sido más fácil haber terminado la relación de trabajo. Sin tanto escándalo. Al fin y al cabo todas esas acciones revanchistas en pleno lanzamiento no ayudaron mucho. Políticamente fue un error y una pataleta de gente desagradecida. No hay más que repasar los periódicos de fechas recientes (finales de 2008) para ver cómo Rocío y su marido continúan con sus huidas para escapar de otra realidad por sus múltiples desatinos.

En Puerto Rico, tierra de mi esposa y de mi último hijo, también gozo del privilegio de tener una mami, quien me enseña refranes populares, los cuales son sabiduría pura. Ahora viene al caso el que dice: *Palo que nace doblado, su tronco jamás endereza*, pues eso es lo que pasa en el caso de Rocío Banquells.

Me pareció improcedente que sólo un año después, alguien que discográficamente no era nadie hasta hace poco, se comportara con tan poco respeto con las personas que la habían lanzado al estrellato.

A mi regreso de Brasil, mi encuentro fue desalentador. Gian Pietro lloraba y J.R., que siempre abría mucho los ojos, los tenía al aire, como las langostas.

Me reuní en mi despacho con René León y mi equipo para dar solución a tan lamentable situación. Uno de los ofrecimientos propuestos, el cual me pareció en esos momentos el más honesto, fue devolver el dinero a Warner, y que se buscaran otro productor. Obviamente René León, además de gran amigo, era una persona muy inteligente. Sabía que el disco era muy bueno, y que no podía renunciar a un segundo éxito para su compañía. Por tanto, tras barajar varias alternativas, acordamos intentar terminar la producción de la mejor manera posible. Así, dimos por zanjada la cuestión.

Desafortunadamente, ni mis buenos oficios lograron calmar los ánimos. De nuevo se preparó todo en los estudios de Eurosonic, y organizamos una comida en el restaurante Villalobillos, cuya finalidad era hermanar nuevamente el sistema y lograr una relación más armónica, necesaria para poder realizar un trabajo que tanta ilusión y ganas había acumulado por nuestra parte.

Iniciamos la grabación con el mejor ánimo y profesionalismo del que fuimos capaces. Rocío entró en la sala de grabación, y desde el control intenté comunicarme con ella. Y cumpliendo con mi trabajo, luché por darle las indicaciones pertinentes y tratar de corregir esa manera estridente de cantar. Ya le había dicho montañas de veces que cantar no es igual a gritar, además de las típicas desafinaciones más o menos normales de cualquier intérprete a la hora de grabar un disco. Pero la comunicación con Rocío era imposible. La mutación se había materializado.

Si le daba cualquier indicación o le decía alguna cosa a Rocío, ni siquiera me contestaba. El mutismo más absoluto reinaba en la sala de grabación. De hecho, salí del control y me asomé al estudio para comprobar si Rocío realmente estaba ahí. Y, efectivamente, ahí estaba, no se había ido. Simplemente la "estrella" no se dignaba contestarme. Ante una actitud semejante, decidí hablar con René para tratar de detener la grabación, como le había propuesto anteriormente, regresar el dinero a la compañía y cancelar el proyecto.

En ese momento, los nervios se desataron. René León arrojó su chaqueta al suelo del estudio y amenazó con golpearme. Casi me da algo, mi querido René se había convertido en un *Latin king;* me imagino que cuando mi buen amigo recuerde este episodio debe morirse de la risa. Mientras tanto, Berlanga como un Fox Terrier ladraba desde la esquina alentando al pobre René para dejarse el físico. J.R. amenazó una sola vez a Berlanga: si persistía en continuar metiendo cizaña le iba a dar un puñetazo [que sonarían sus mocos] a un río de centavos. El estrella consorte entendió el mensaje del inminente impacto sobre su cara de "Hobbit", y gracias a Dios la sangre no llegó al río.

Calmé a René, quien poco a poco fue entrando en razón, y el diálogo se impuso a la violencia. Jamás tomé en cuenta la actitud de René, pues no era propia de él, del René que yo conocía y conozco: una gran persona, muy especial y tremendamente auténtico. De él guardaré siempre un gratísimo recuerdo, así como de su familia, con quienes compartí junto con mi hijo Miguel, unas vacaciones en su casa de Colorado.

Lamentablemente aquel sinsentido lo hizo perder los nervios, pues imagino que durante mi ausencia ya habrían pasado cosas que calentaron en exceso la situación, mucho más si tomamos en cuenta la soberbia de Felisatti; aunque pareciera todo lo contrario, era yo quien se partía el pecho defendiendo los intereses de quienes a veces no los merecían.

De los males, el menor. Terminamos el trabajo como se pudo, y Rocío consiguió su segundo gran éxito con *Será será*, *Estúpido* y *No soy una muñeca*. Nosotros sí nos la inventamos. Prueba de ello es que como todos los artistas a quienes no les encuentran repertorio adecuado o productor que sepa reconducir sus carreras, acaban cantando rancheras o boleros. Allá ellos, que les vaya bonito.

¿Cuántos éxitos tuvo posteriormente de esos autores que con tanto escándalo promovieron? ¿Cuántos temas "número uno"? Afortunadamente para mí, transcurrieron los meses y los años y los éxitos de mis producciones sí se sucedieron uno tras otro.

Mi Juanito Calderón —adorable, entrañable y genial amigo— comentó que le hubiera gustado mucho hacerme un programa de radio o de televisión para celebrar la gran cantidad de éxitos de artistas mexicanos. Tan sólo para hablar de los "Número uno", por lo menos necesitaríamos un programa de un día entero.

Qué entrañables veladas pasé junto a mi querido "Gallo", el mayor del reino.

Los éxitos se sucedían y la posibilidad de encontrar nuevos valores siempre estaba a mi alcance, gracias a Dios. Únicamente se requería mirar hacia delante –y no a media altura, donde el ombligo termina–, como hacen la mayoría que tienen en sus manos la posibilidad de que pasen cosas.

En la compañía EMI-Capitol me reencontré con Daniela Romo y Yuri, quienes también fueron lanzadas de mi mano como el que lanza palomas. Ambas habían alcanzado un gran éxito en popularidad y ventas, y eran reconocidas no sólo en México, sino también en España.

DANIELA ROMO

Siempre he tenido un enorme y muy grato recuerdo de Dani-Dani, que es como yo llamaba cariñosamente a Daniela Romo.

En un viaje de control que José Luis Gil, presidente de Hispavox-Gamma, realizó a México, contactó a La Gorda Galindo (tremenda) y a Luis de Llano (tremendo). Ellos tenían grabado un programa especial de televisión con Daniela, y José Luis lo llevó a España. En esos momentos, María Elena Galindo (La Gorda) era una de las principales ejecutivas en Televisa San Ángel, y Luis de Llano, de sobra conocido por su especial talento en el desarrollo de proyectos especiales en Televisa.

Cuando vimos el vídeo de Daniela, coincidimos inmediatamente en que con un disco adecuado en el mercado, esa preciosidad podría ser todo un éxito. José Luis me comentó que ya la había invitado a ir a Madrid para desarrollar su producción. Sin lugar a dudas, mi amigo tenía una fe ciega en mis habilidades para confeccionar un repertorio, pues Daniela llegaba la siguiente semana, y era necesario espabilarse si quería tener la propuesta a tiempo.

En ese momento yo me encontraba en plena campaña de producción. ¿De dónde iba a sacar tiempo para desarrollar un repertorio y realizar una producción adicional? Cada año, junto con mi equipo de profesionales, trabajábamos en más de cuarenta producciones. Se dice fácil, pero pensar, crear y encontrar cuatrocientos temas al año para ser grabados por cuarenta artistas diferentes, tomaban una buena parte de mi vida.

Aquí quisiera hacer un comentario al margen. Entre el equipo de profesionales que trabajan conmigo, se encontraba el famoso D. Rafael Trabucchelli, de quien aprendí muchas cosas (no en vano fue mi antecesor en el cargo que yo desempeñaba). Él es el responsable de la historia musical más importante de los años sesenta, como fueron Los Pekenikes, Módulos, Karina, Raphael, Alberto Cortez, Los Payos, Los Mitos, Waldo de los Ríos, Jeanette, Pic-Nic, y un largo historial más. Pero como suele ocurrir por razones desconocidas, Hispavox cayó en picada, y la primera misión que me encargaron al hacerme cargo de la reestructuración de la empresa fue despedir a Trabucchelli, a lo cual me opuse por respeto.

¿Cómo era posible que a quienes hizo ganar millones de dólares ahora lo odiaran por su inigualable talento y su gran influencia sobre los artistas? Yo mantuve a Trabucchelli en la empresa y con violencia me opuse a retirarlo de la producción de José Luis Perales, pues lo querían sustituir por Danilo Vaona, otro caradura irrespetuoso. Trabucchelli había sido el descubridor de José Luis Perales y ya había producido, sin demasiado acierto, cuatro discos anteriores. Así, entre otras personas más, Trabucchelli compartió con Vaona la producción de los discos de Perales. Por eso creo que Vaona, como muchos otros oportunistas, no me quieren demasiado, porque siempre luché contra quienes quisieran aprovecharse del trabajo de los demás. Si a alguien le debe Perales su éxito y su carrera, además de su talento, es a D. Rafael Trabucchelli.

Volviendo al tema de Daniela. A los pocos días de haber visto su vídeo, la artista se presentó en la compañía. En cinco minutos, todo el mundo sabía que Daniela Romo había llegado. Su enorme afabilidad, aparejada con una singular belleza, su risa, su pelo balanceándose de un lado a otro de su esbelta y bella figura, formaba todo un espectáculo. Sus carcajadas pronto se hicieron familiares en los pasillos de Hispavox.

Esa misma noche me puse a trabajar y a tratar de encontrar una canción que le fuera como anillo al dedo. Al día siguiente de su llegada, después de saludar a todo el mundo como si los conociera de toda la vida, Dani-Dani vino a mi despacho. Todas esas horas de búsqueda dieron sus frutos, ya había encontrado lo que sería un súper éxito, el cual continúo escuchando por todas partes. Cuando Dani escuchó la canción, estaba gratamente sorprendida y casi no lo podía creer, se le iluminó la cara y me colmó de besos y abrazos. Yo creo que lo más difícil en cualquier empresa es poner la primera piedra, en este caso, la primera canción.

Mi entusiasmo era enorme. Por ello, presionaba a Danilo Vaona a más no poder. Por las noches me iba a su casa, acompañado de mi esposa, y en el transcurso de la velada lo alentaba y arengaba al máximo en la composición.

Una noche de esas, en cuanto llegué a su casa, Danilo me tomó de la mano y me hizo subir precipitadamente al piso superior, en donde se encontraba el piano. Una vez allí, empezó a hacer sonar las notas, y así surgió otro memorable tema: *Mentiras... Dimi perché... lo juro, lo juro, tu me raconte solamente Bugie...lo juro, lo juro...* Qué les puedo contar que no sepan ya.

Mentiras es uno de los temas más comerciales de ese trabajo realizado por Danilo Vaona.

Así fueron los comienzos de Daniela Romo como cantante de éxito. La fortuna siempre me acercó a gente deliciosa. Por ello, al reencontrarme con Dani un par de años más tarde, sentí una grata emoción, y profesionalmente no fue más que continuar la tarea emprendida con anterioridad.

Por desgracia, en este negocio no son los artistas los que crean los problemas, sino su entorno, su manager, a veces sus amantes, sus maridos o hasta sus maridas. Nunca, o casi nunca, es el artista quién los crea. Por eso es tan difícil cuando se encuentra un camino de sintonía personal (llámesele química), afecto, admiración mutua y un sinfín de cosas más, muchas de ellas difíciles de explicar, y tener continuidad más allá del tiempo.

Indefectiblemente, con la llegada del éxito se generan un sinfín de intereses en torno al artista. Todo el mundo quiere sacar provecho. El problema no es que aprovechen el caldero a costa del artista, la cuestión es cómo alguien que el mes anterior vendía calzones en un mercadillo ambulante, o representaba a futbolistas, de repente se sienta capacitado para enmendar la plana al más pintado de los productores o al más experto ejecutivo discográfico.

Este negocio padece de esa lacra. Cuando median intereses de terceros, que sólo buscan justificar su comisión, después de un tiempo, y con el panorama muy claro, no hay productor adecuado para el artista, al menos en el noventa por ciento de los casos. El conocimiento y el profesionalismo no permiten injerencias de este tipo de personas, quienes sólo así pueden sustentar el veinte, o hasta el sesenta por ciento, si es que… ya saben…

En el caso de Dani, ya llovía sobre mojado. Una sola Galindo ya era terrible, pero dos hermanitas juntas, era como para salir corriendo, ya que la otra Galindo, Tina, era la manager de Daniela.

Cuando empecé a viajar a México, en alguna ocasión visité la casa de los Galindo. Yo alucinaba cuando Tina Galindo me contaba el poder que tenía su papá, Don Pancho Galindo. Ella aseguraba que su papá había sido el único con autoridad suficiente para poner su pistola encima de la mesa al Presidente de la República cuando se entrevistaba con él. Sinceramente, Tina se parece mucho a su papá.

Todas esas historias y otras más que no se deben escribir por respeto a los difuntos, me hacían reflexionar mucho. El tiempo pasó y las cosas fueron tomando su pulso natural. Pasaron los años y los éxitos, y a todo se va acostumbrando el ser humano.

No sé por qué rara circunstancia, cada vez que Tina y yo nos encontrábamos, siempre me decía en un tono muy irónico: "¿ya te realizaste?". Hasta la fecha no entiendo el significado de esas palabras. Sin embargo, me hacía pensar en varias cosas, como cuestionarme si al dejar este pecaminoso mundo, existe alguien que se marche satisfecho de sus obras, ya sea en el plano personal o profesional. En el aspecto profesional, creo que siempre se pudieron haber mejorado las cosas. En lo personal, pienso que todo ha sido más fácil, de cierta forma porque las exigencias hacia uno mismo se reducen considerablemente, cuando he tenido la fortuna de formar una familia y las posibilidades económicas de dar lo mejor a mis hijos (en este último caso, no podría quejarme demasiado, o más bien dicho, nada); he sido feliz, lo sigo siendo y me siento muy realizado.

Además, siempre me gustaron las mujeres (¡qué coincidencia!). Tengo unos hijos maravillosos, a los que adoro y me adoran. En fin, no sé exactamente a qué se referiría Tina preguntándome si ya me había realizado.

Regresando al tema de Daniela, nuestra amistad y cariño mutuo fue evidente para todo el mundo. Siempre nos prodigamos besos y abrazos sinceros, y si eso le molestó a alguien, tiene dos problemas: enojarse y desenojarse, pues lo que queda al final de esta vida sólo son las cosas buenas que puedas recordar. Las caricias, los besos y la ternura, sin dobleces ni torceduras. Me dan lástima quienes se retuercen en las dudas y los celos.

Generalmente siempre hay alguien al lado de un artista que es quien lo apoya, asesora y lleva el día a día, pero si además esa persona es su íntimo o íntima, la situación se puede complicar. Para no hacer el cuento muy largo y a la vez evitar calentarme demasiado, vamos a cambiar el tercio, como dicen los taurinos, pues la historia tiene principio y fin, y para ese final apoteósico, aún guardaré algún espacio para los molestos reptiles que son los coprotagonistas de esta historia.

Dani-Dani:
En definitiva, fue fantástico compartir tu talento y tu natural afecto. De ti, el mejor recuerdo. Aún guardo aquel maravilloso maletín de *Cartier,* el cual es el mejor regalo que me hicieron en quince años de arduo trabajo. Cada vez que lo abro (pues en él guardo casi todos mis documentos importantes), siempre aparece una sonrisa en mis labios al recordarte. Ha pasado mucho tiempo, pero hay cariños presentes a lo largo de la vida, aunque muchas cosas pasen. De mí para ti, y creo que también de ti para mí, todo fue bonito y así quiero seguir recordándolo, mi querida Dani-Dani. Mi amiga.

YURI

Como ya había comentado, cuando era director artístico de Hispavox en España, nuestra compañía hermana de México (Gamma) nos envió un disco grabado con Yuri (mi murcielaguito, como cariñosamente la llamaba), y nos pidieron ayuda para producirla. Así que realicé un viaje a México para tener un encuentro con ella.

Ya me habían advertido que su representante era su terrible mamá, Doña Dulce, quien tenía un carácter muy complicado. *¡Mamma mía!* La verdad es que la señora no era una mala persona, pero sí muy impetuosa.

Inmediatamente pude percatarme de las grandes dotes como intérprete de Yuri, quien además de todo era simpatiquísima. Sólo faltaba dar forma a ese diamante en bruto.

Regresé a España con mis notas e impresiones bajo el brazo para ver qué podía hacer con Yuri. *Este amor no se toca* y *Maldita primavera,* entre otros temas, convirtieron a la jovencita en todo un acontecimiento musical. Creo que fueron alrededor de doce discos los que tuve el privilegio de producir para La Güera.

A Yuri comencé a producirla desde sus catorce años y, si no me equivoco, trabajamos juntos en doce discos, que representan miles de horas de trabajo y profesionalismo dedicados a mi murcielaguito.

No te voy a pedir, mi querida Güera, que te recuperes de la amnesia general que afecta a todos los artistas, pues normalmente no conozco a muchos que quieran recordar. Como dice mi amigo Máximo: "che loco, el agradecimiento de los artistas sólo dura veinticuatro horas", y qué razón tenías Máximo.

Aquella jarochita desmelenada y con cara de ratón volador pronto se convirtió en la Madona latina. En cada presentación, yo veía el mayor acto de transformismo que conozco. Años después, cuando Yuri arrasaba en todos los mercados de habla hispana, y estaba casada con Fernandito Iriarte, algunas veces me invitaban a pasar la noche en su casa. Cuando Yuri se ponía su piyama rosa de muñequitos, y salía al salón recién bañada, con la carita lavada y el pelo mojado, juro que era muy difícil reconocerla. En muchas ocasiones, yo bromeaba con ella haciendo como si no la reconociera. "¡Ya Miguelonshain!", se quejaba ella como niña chiquita, mientras Fernandito (el retoño de la máxima) mostraba su quijada en todo su esplendor, frunciendo el entrecejo con gesto de aprobación. Qué lejanos aquellos tiempos cuando mi llegada de España con el repertorio de lo que sería su próximo disco y un éxito casi seguro, era toda una fiesta.

Qué distantes quedaban aquel *Osito panda, que aún no andaba* (esa sí fue idea de Luis Moyano) y *En mi vida sólo quedan esperanzas*. Cuántos años de éxitos ininterrumpidos. ¿Qué pasó con las promesas de cariño eterno? Y eso que los murcielaguitos se valen de un sofisticado sistema de radar para no perderse.

Yuri:

Antes que Alejandra Guzmán tú fuiste la más grande artista, y yo era para ti tu guía indiscutible. También tú gozaste de mi asesoramiento constante, y no movías ficha en el tablero sin consultarme.

¿Recuerdas cuando llorando me contaste que Fernandito te había hecho gastar una fortuna en una escenografía y luego te la hizo vender muy barata en muy poco tiempo?... El capricho de los *carts* y querer ser piloto de fórmula uno, eran gustos demasiado caros, incluso para los altos ingresos de una estrella como tú. ¡Qué desengaño!, ¿verdad, querida? Pero tú mejor que nadie sabe que un corazón herido puede amar y odiar al mismo tiempo. Qué temas, querido murcielaguito, qué canciones aquellas que te hacían ocupar el trono de la número uno durante casi tres lustros.

El éxito de Yuri era indiscutible y su economía parecía funcionar extraordinariamente bien. Demasiado, diría yo, aún no borro de mi retina aquel día en que se les antojó una hamburguesa de *Burger King*. Nada que objetar, si no fuera porque era necesario rentar un jet que costaba una barbaridad, pues en aquel entonces esa cadena de restaurantes de hamburguesas todavía no existía en México, y era requisito viajar a Estados Unidos. El trayecto fue de la Ciudad de México a Miami, ida y vuelta. Cinco horas de vuelo privado sólo para comer una hamburguesa. Yo, por mi madre que con ese dinero montaba una buena taquería y se la regalaba a un par de familias pobres, de las que hay muchas, y hubiera sido más feliz. Pero al Maxi-Mito (Fernando) le gustaba mucho eso de estirar más el brazo que la manga.

Después dimos un paso más "chic" en la carrera de Yuri y fuimos a grabar a Hollywood. Era la misma tecnología, pero ahora sí estábamos cerca de un *Burger King,* mucho más "elite" que *Corinto,* comiendo cigalas cocidas, una centolla de ojos azules, percebes de los mejores del mundo, gambas rayadas y langostinos del cantábrico. ¡Qué cambio! Ahora que Yuri ya era la Madona latina necesitábamos estar a la altura. *Kentucky Fried Chicken* y *Mac Pollas.* Tal vez esos drásticos cambios eran premonición de que *Isla del sol* sería el último trabajo que realizaríamos juntos. Más de quince años de éxitos estaban a punto de finalizar.

Quieran o no, la continuidad de Yuri como "la número uno" no fue fácil por motivos que sólo son historias. Según me cuentan, te fuiste apagando en todos los niveles, y eso me dolió. Tu carrera ya la conoce todo el mundo y es lo suficientemente importante para que tengas un lugar especial en el mundo del espectáculo.

Yuri:

El año pasado, cuando todavía presentabas en Puerto Rico el programa *Objetivo Fama,* estaba llegando al aeropuerto Luis Muñoz Marín y me encontré con unos amigos de Univisión que iban a incorporarse al programa, y se me ocurrió mandarte saludos con ellos y un mensaje de que me alegraría acercarme al plató para darte un abrazo. Parece ser que mis amigos no pudieron encontrarte para darte mi recado. Después de tanto tiempo hubiera sido muy agradable abrazarte y recordar una larga historia muy significativa en nuestras vidas. Créeme, te tengo muy bien ubicada como persona y sé que no tienes ninguna responsabilidad con los disparates del Maximito. Vivimos muchas cosas antes de que apareciera en tu vida y muchos éxitos los hicimos solos. Muchas veces, cuando me reúno con Guido y recordamos algunas anécdotas de la época en que él trabajó contigo, nos partimos de la risa. Me alegro de lo bien que te ha ido y de que hayas superado todos los obstáculos que la vida te ha puesto como una prueba de mil metros vallas. Sé que lo superaste todo y ya habrá oportunidad para volvernos a ver y darnos un abrazotototote.

Como tú decías, tu Miguelonshain.

MANUEL MIJARES

Nos encontrábamos en Madrid grabando el segundo disco de Pandora, cuando Mayte, quien siempre fue tremendamente cariñosa y respetuosa conmigo, me dijo muy emocionada: "Jefe, quiero presentarte a un cuate que es a todo dar, es corista de Emmanuel, le llaman 'Migajitas' y canta padrísimo. Por favor, escúchalo".

Acompañando al casete que Mayte me entregó, estaba la foto de un mozo bien parecido, con mirada tipo Omar Sharif. Supuse que sería por esa mirada por la cual estaba tan nerviosa mi querida Mayte. Escuché con atención la cinta con un *jingle* de publicidad, donde el chico en cuestión cantaba con el grupo Pandora un pedacito del comercial. Era muy poco material para formarme una idea clara. Aun así me quedé con la imagen de Mijares y con los pocos segundos de haber escuchado su voz grabados en mi memoria.

Clavé la foto de Manuel en la pared de mi oficina, y me acompañó a lo largo de muchas horas y días de cosas buenas y menos buenas. Pero como nunca se me acabaron las ganas de ayudar a alguien, Migajitas también tuvo su oportunidad. Sería injusto si no resaltara la gran ilusión de Mayte al pedirme que lo escuchara. Sin ella, quizás la historia de Mijares no hubiera sido la misma.

Creo que en esta vida es fundamental tener una buena memoria. La memoria engrandece al hombre y a los pueblos, aunque eso no quita que a veces existan hombres y pueblos sin memoria.

Con los pocos segundos que escuché la voz de Manuel, empezamos a trabajar en el proyecto para su disco, y tras muchas semanas de darle vueltas y vueltas a la idea, el concepto fue tomando forma, y decidí dar el paso de producirlo.

Acudí a Luis Moyano para comunicarle mi inquietud por el muchacho. Le dije que mi intuición me indicaba que podríamos estar ante otro gran descubrimiento artístico, pues el color de voz de Manuel era muy personal y fácilmente se distinguiría entre otros artistas.

Desafortunadamente, sin queja personal (por el momento), Luis era más codo que el mismo codo, aunque eso sí, me pagaba religiosamente. Sacarle un peso era toda una hazaña. Le expuse por teléfono mi Fé en Manuel, pero mayor fue su fé en mí como para ahorrarse un pasaje de ida y vuelta para llevarme a conocer a Manuel y tener una idea de quién era, así como tomar tonos para las canciones compuestas pensando en él, más todos los pasos lógicos necesarios. Luis Moyano (ante mi insistencia) dio luz verde al proyecto con muy poco entusiasmo.

Ya han pasado muchos años, y me lo he preguntado montones de veces. Luis Moyano era un hombre culto, inteligente y bastante conocedor del negocio. Era capaz de tomar decisiones importantísimas sin pestañear y, en ocasiones, cuando yo le pedía realizar un proyecto que consideraba sería un éxito, era extrañamente dubitativo, creo que es el síndrome del ejecutivo discográfico.

Como un ejemplo, cuando Pandora ya llevaba vendidos más de medio millón de copias de su primer disco, Luis todavía no les había firmado su contrato. ¡Era durito el muchacho! Pero sin duda, una gran persona. Y porque no se equivocó en su apuesta, debo ser agradecido. Haciendo a un lado los problemas que posteriormente tuvimos, siempre poseerá un espacio en mi corazón para él, aunque la ambición también acaba con las mejores personas. Para él y para toda su familia, que siempre me ofreció su casa como la mía propia y en ella fui agasajado en infinidad de ocasiones, en donde estén, aprovecho para enviarles mi más cariñoso abrazo.

Para terminar el repertorio de Mijares, me trasladé a Milán a casa de Peter Felisatti, y me quedé unos días con él para ayudarle a que fuera coherente el trabajo y no nos apartáramos de la línea que le había marcado.

Una mañana, mientras desayunábamos, Peter se acercó al piano (por fin me había hecho caso; llevaba años insistiéndole en que debería crecer como músico, y aun habiendo compuesto muchos e inolvidables éxitos con la guitarra, que era su instrumento base, el dominar los dos instrumentos le daría mayor capacidad armónica para componer), esbozó unos compases y me mostró un pedazo de melodía, pero me decía que se había quedado atascado, así que intervine y en un instante la completé, lo cual ya acostumbraba hacer desde mis tiempos en Ariola.

Así fue como nació *Bella*. Todavía sigo escuchando esa melodía cuando viajo por América, lo cual me llena de satisfacción. Curiosamente, siempre que le recordaba a Peter mi participación en la composición de ese tema, ponía esa cara de póker muy común en los italianos cuando les tocan un centavo. En realidad nunca le concedí demasiada importancia a esos pequeños egoísmos, aun a sabiendas de que esas cosas crecen y acaban por devorar amistades, incluso familias. Es una característica de la personalidad de los Aries. Sabemos lo que va a ocurrir, por eso cuando sucede, ya se tiene asumido.

No sé en cuántas canciones participé con felisatti (no pongo mayúscula en su apellido porque no la merece), pero fueron muchas, y como él, muchos otros siempre se me escapaban vivos sin firmar mi coautoría.

Un buen día le comuniqué a Luis Moyano que el trabajo estaba listo para que el artista viajara a Madrid a poner la voz al disco. En ese momento, Luis sí entendió la urgencia de la presencia de Mijares.

La producción de ese disco, en cuanto a arreglos y realización, se la encargué al maestro Jesús Gluck. Jesús es un extraordinario músico y excelentísimo concertista de piano. Él inicio su carrera en el género pop como tecladista del histórico grupo español Los Bravos. De ahí que creí era el hombre más adecuado para el carácter que deseaba imprimir a la producción.

Quiero aclarar a todos aquellos que por ignorancia llaman productores a los músicos que realizan los arreglos de un disco o colaboran en su realización, que un productor es quien diseña la producción, selecciona y decide el repertorio, dirige a los ingenieros, arreglistas, etc., corrige a los compositores y les ayuda a mejorar una canción, y toma la decisión final sobre el trabajo realizado… ése es el productor. Hoy cualquiera se llama productor; hasta los artistas, ya todos componen, pues quieren tener ganancias por todos lados, incluso de donde no les corresponde; pero si los auténticos compositores no se avienen a componer con esos artistas que no saben ni tocar la flauta, o ejecutivos desaprensivos que tienen la manija y también quieren disfrutar de lo que una vez fue pastel, no verán sus canciones en ningún repertorio. De ahí que el nivel musical haya bajado tanto en los últimos años. Los buenos autores han tirado la toalla o tratan de convertirse en ejecutivos para poder sobrevivir; no se les pude criticar que quieran mantener a sus familias a como dé lugar, están en su derecho; los que no están en su derecho son quienes permiten todos estos desatinos y venden circos en vez de discos. El cáncer es mucho más profundo de lo que parece.

Cuando fui al aeropuerto a esperar a Mijares, llevaba su fotografía en la mano. La verdad es que la situación se me antojaba algo kafkiana. Al fin apareció, tímido como un niño, hablaba de manera entrecortada y tenía una risita nerviosa. Puedo imaginar la emoción que habrá sentido cuando le dije: "Tus canciones te esperan", además de saber que alguien confiaba en él y estaba a un paso de hacer realidad un sueño muy anhelado.

Por cierto, uno de los temas que se incluyeron en ese primer disco grabado por Mijares tiene una historia detrás. Recientemente me había divorciado y aún me dolía el alma. Yo siempre tuve la costumbre de contarle a J.R. Flórez sobre mis amores y desamores para que los plasmara en papel. De esa manera, gracias a su formación literaria, podía convertir esas historias en letra de canciones. Y así sucedió con el tema *Poco a poco*, el cual fue un gran éxito en la voz de Manolo. ¡Qué tema tan bello! Pero hubo un inconveniente con la letra, pues Raúl Velasco la censuró y vetó la frase original que decía: "me siento violado cuando amamos", la cual cambiamos por: "me siento un guiña-po cuando amamos"; nada que ver.

Durante muchos años le conté una infinidad de historias a J.R. Flórez, que posteriormente se convirtieron en títulos y letra de canciones que tuvieron un gran éxito. J.R. tiene la costumbre de abrir los ojos como platos cuando se sorprende... ¿Pondría también esos ojos de sorpresa cuando aparecía únicamente su nombre como compositor en el tiempo en que trabajaba con César Valle? Ese asunto de los centavos y el ego, la gente lo lleva mal, muy pero muy mal.

Por eso es que algunas personas logran convertirse en millonarias y otras no. Es obvio que J.R. no recuerde cómo pasó de vender bocadillos de mortadela en el metro, a perseguirme durante días, semanas y años como un lazarillo, con una libreta y lápiz en la mano, y con ese gemido lastimero que lo caracterizaba, diciendo: "Jefe, ¿aquí que digo?". Y yo le contaba alguna historia que se me ocurría en el momento o alguna vivencia actual o pasada. Quisiera saber adónde se fue la inspiración otrora derrochada. Jamás tuvo la decencia de traerme un contrato de coautoría, sabía que mi generosidad rayaba en la imbecilidad. Pero pese a toda la mierda que vertió entre la cuadrilla de los arrimados de la Sociedad General de Autores de España, si yo me cruzo con alguno de ellos, soy quien mirará de frente.

Más adelante hablaré de toda esa pandilla, que mientras gastan millones en comprar teatros y crear fundaciones para perpetuarse con el dinero de los autores que no reclaman, dejan morir en la indigencia a entrañables y talentosas personas como Honorio Herrero, Rafael Trabuchelli y otros muchos de los que hablaremos en el próximo relato.

Volviendo al tema de Mijares. En cuanto llegó a Madrid, nos pusimos manos a la obra con la grabación de su disco. Se le había encontrado un estilo y una forma particular de cantar que lo han definido durante toda su carrera. Al principio tenía una tendencia a exagerar las inflexiones de voz, lo cual es un vicio comúnmente adquirido cuanto se cantan *jingles* o cuando se hacen coros, y no se dejaba guiar con demasiada facilidad. Nos costó lo nuestro poderlo controlar, pero pronto comprendió que era necesario olvidarse de los viejos trucos del principiante al querer demostrar que canta mucho, cuando lo importante es cantar bonito. Nunca hubo un problema con Manolo. Siempre fue respetuoso y disciplinado.

De nuevo en México y con torta de vinilo debajo del brazo.

Nadie podía creer el éxito de Mijares; era milagroso. Otro súper bombazo a la vista. Mi buen Manolo superó los más de setecientos mil discos vendidos, a pesar de que Raúl Velasco lo vetó en su programa, el cual era una plataforma muy importante para cualquier artista de la época, pues opinó que tenía demasiado parecido a Emmanuel.

Fue en el festival oti de la Canción de 1985, cuando Mijares dio el estallido con el tema de *El soñador*, compuesto por el difunto Alfredo Díaz Ordaz, que en paz descanse.

No puedo dejar de comentar una anécdota de Alfredo, tipo divertido como pocos. Estábamos desarrollando un artista en Los Ángeles, y él me fue a buscar al aeropuerto en su tremendo *Rolls Royce*, con dos botellas del mejor champagne, y vestido sólo con una bata de baño. Un tipo encantador. Yo le tenía en gran aprecio, pues era de los que no se preocupan por nada y, si le caes bien, te tratan como rey. En definitiva, él era hijo de virrey.

En esos tiempos, a más de una persona le empezaban a molestar mis aciertos y éxitos. Una de esas personas, "El creador de artistas" debió informarse mejor y no dejarse llevar por la soldada del legionario de la pluma.

EL CREADOR DE ARTISTAS

Muchas personas coinciden conmigo en gran parte de las opiniones que aquí comparto, pero casi nadie se atreve a decir nada, por temor a la venganza. Las consecuencias que se pueden derivar por enfrentarse a una facción de la "Gran Casa", por no estar de acuerdo con su criterio o simplemente por tener una opinión diferente, suelen acabar en el más salvaje boicot imaginable. Para que se entienda mejor voy a intentar explicarlo de la manera más sencilla y más sincera.

Ese falso predicador jesuítico que semanalmente flagelaba a la gente con palabras que no sentía, dando una imagen que puertas adentro no era en absoluto real, era una de las personas más falsas de la pantalla chica.

Ahora bien, analicemos cómo se ve desde la perspectiva de no importarte las represalias de las que puedas ser objeto por algunos de los prohombres de la "Gran Casa". De hecho, yo ya he sufrido las consecuencias por no estar de acuerdo con la mediocridad emanada de ese sector. Cuando uno no tiene más remedio, traga lo que le echen. Eso es lo que le pasa a quienes tienen la necesidad de sobrevivir y se topan con ese sector de "la mansión". El miedo a perder los privilegios adquiridos obliga a hacer concesiones.

Al principio, como todas las cosas, se hacen de una manera mecánica y un poco inconsecuente. Es tremendo sentirse adulado; es muy agradable para cualquiera de los mortales. La adulación es un arma mortífera que puede destrozar a cualquiera. Sólo los seres maduros y muy hechos se defienden de caer en esa trampa que, junto a unos pocos, suele convertirse en el principio del fin.

Estando yo en Hispavox, alrededor de 1982 y 1983, cayó en mis manos un disco y un éxito impresionante: *Él me mintió*. Creo que ese gran éxito supuso un poco –o bastante– el asentamiento de Melody. Al poco tiempo, en 1984, Amanda Miguel (intérprete de ese exitoso tema) y su marido, Diego Verdaguer (compositor del tema), habían pasado de la gloria al más terrible ostracismo.

Según me enteré después, no quisieron prorrogar su contrato con Melody, debido a unas desavenencias con la cúpula directiva, por lo cual una carrera prometedora de un gran autor y una excepcional voz, desaparecieron del panorama musical. La apisonadora del poder aplastante había hecho su trabajo. Otros que mordían el polvo. Lo bien cierto es que ese hecho me llamó poderosamente la atención y me hizo estar alerta con la gente de la "Gran Casa".

Precisamente una de esas personas destructoras de todo aquello que no se someta al poder de la "Gran Casa" o de alguna de sus áreas, es sin duda un personaje que ni voy a nombrar: el autoproclamado "Creador de artistas".

Convertirse en azote de nadie por mandato, dice muy poco a favor de alguien que tiene el privilegio de utilizar lápiz y papel para poner en negro cosas importantes. Al menos si fueran verdades, pero no verter un mundo de calumnias indocumentadas por el mero hecho de que "sus amos" lo azuzaran en contra de alguien, como sucedió con mi persona.

Ha sido el ser más despiadado, cruel e injusto que conozco. Este "creador de estrellas" siempre estaba viajando por Nueva York, París, Madrid y otras ciudades del mundo, y eso sí, hospedándose en los mejores hoteles, trasladándose en coches de lujo y un largo etcétera. ¿Daba para tanto un salario de columnista? No sé, ése es otro principio del fin, o ésa es la cuestión, como diría Shakespeare.

¿Cómo se atreve esa carroña a ni siquiera opinar sobre gente que sí hemos hecho cosas? Unos mejores o más importantes y otros menos, pero cosas que quedan para la memoria de las personas y que hicieron felices a muchos. ¿A quién hacía feliz este tipo de personas engreídas y soberbias? Ha quedado demostrado que en otros canales de televisión sí existe la posibilidad de verter opiniones en completa libertad. Es muestra de que el país ha crecido a nivel intelectual, al menos parece que ya no son tan intocables algunos personajillos de medio pelo.

Me gustaría añadir que siempre he estado abierto a la crítica seria y argumentada. De hecho, algunos de estos personajillos deberían oír qué dice la voz popular. En definitiva, cuando la gente voluntaria y mayoritariamente se siente identificada con sus ídolos y compran sus discos, por ende reconocen a las personas que trabajan en su diseño y que los hacen posibles con su esfuerzo y profesionalidad.

Ingrato o injusto de mi parte sería no aprovechar esta magnífica ocasión para agradecer y felicitar a todos los profesionales de la información que han ejercido su crítica hacia mi persona, con información seria, veraz y contrastada, sin propugnar el insulto o faltar a la verdad. Estas son las virtudes que los distinguen, pues fomentan que la gente puede extraer la verdad y sólo la verdad, con plena confianza. Desde aquí, mi homenaje a esa fenomenal prensa, que si nunca me atacó a lo largo de tantos años, seguramente fue porque no tenía motivos para hacerlo o porque respetaron, por encima de todo, el importante trabajo realizado.

En fin, pasando a otra realidad incuestionable: más de cuarenta y cinco millones de discos he vendido como productor en México. Muchos de esos millones se vendieron y se continúan vendiendo con el paso del tiempo en toda Latinoamérica y Estados Unidos.

Con estas cifras en la mano se justifica el gran esfuerzo de los artistas y del equipo que colabora con ellos en la producción. Trabajo que ha significado para México una fuerte generación de divisas y fuentes de empleo, tales como vendedores, promotores, transportistas, músicos, secretarias, entre muchos otros. También hay que recordar otro aspecto fundamental, y no sólo el económico: el orgullo que significa para este maravilloso país, y para un servidor, el saber que la "década de 1980" fue claramente mexicana en todo el continente. Lo siento por algunos, pero la satisfacción y el orgullo compartido con el público, nadie nos lo puede quitar.

FANDANGO

En cierta ocasión, Luis Moyano me sugirió la creación de un grupo musical integrado por chicas. La idea me pareció atractiva, pues no había ningún concepto parecido en el género pop-dance.

Así que un buen día me encontré abordando un avión, acompañado de Luis Moyano, con destino a Monterrey, Nuevo León, en donde conoceríamos a un grupo de cinco jovencitas que tenían interés en formar un grupo musical.

Para las más altas esferas, era un proyecto rápido, que tenía el objetivo de generar ventas, y no más. En realidad, ese proyecto no era mi pasión, pero soy un profesional; si algo puede vender, lo hago y punto. La máxima es muy sencilla: si las compañías no venden, no pueden experimentar con nuevos proyectos, y muchas veces estos sencillos proyectos suelen dar estupendos dividendos en poco tiempo.

El caso es que me pareció que la idea de Fandango podía funcionar. Sólo necesitábamos encontrar una canción que encendiera la mecha.

Las cinco chicas eran preciosas, cada una distinta de la otra, muy jóvenes, y bailaban muy bien. La que más destacaba por su exuberancia se llamaba "Moña", pero a quien recuerdo con mayor ternura, por su ausencia de malicia, es a Rocío.

Su manager, un personaje muy divertido, nos vino a buscar y nos trasladamos, si no mal recuerdo, a casa de "Moña". Cuando Luis y yo llegamos se formó una gran algarabía. Una de las cosas que no se pueden olvidar nunca es la forma en que los mexicanos tratan a los extranjeros. Apoteósico, todo fue una fiesta. Las chicas cantaron, bailaron y rieron, y el más encantado era Luis, viendo tales bellezas. Por cierto, debo reconocer que este proyecto fue una idea de Luis Moyano.

Una vez más hubo repertorio, viajes y preparación del disco. Ya habíamos tomado velocidad y todo sugería un nuevo éxito. En esta ocasión encargué los arreglos y la producción al súper talentoso Lorris Cerrone y a J.R. Flórez.

Se preparó la grabación en Castel Bolognese, en Italia, en el estudio de Loris, quien con su acostumbrada alegría se puso a trabajar sobre la mesa de grabación, y en un momento ya había nacido otro súper éxito: *Autos, moda y rock and roll*.

Y así, un nuevo disco doble platino y un nuevo producto para la factoría de Miguel Blasco. El camino al éxito de este grupo fue rápido y contundente. El tema de *Autos, moda y rock and roll* se coló en todas las discotecas de México, y no había quien no bailara al ritmo de Fandango.

El manager de las chicas, mejor conocido como Hitler, como cariñosamente lo llamábamos, en pocos años ya era millonario. Según cuentan fuentes fidedignas, tenía a las chicas con un salario fijo y no muy elevado, así que el verdadero beneficiado con las ganancias generadas por el grupo era sólo él. Siempre hay algunas personas que se pasan de listas, aunque no lo pareciera. Mira al cachondo de Hitler cómo se lo montó.

Fue divertido mientras duró. Como comentaba, ya sabíamos que esta nueva creación sería un producto de corta duración, por tanto no llegó a más de tres discos. Sólo el cariño de alguna de las chicas es lo que quedó en el zurrón de los recuerdos.

Cuando el grupo original de Fandango se disolvió, Alexandra se incorporó durante un tiempo al grupo Timbiriche. Tenía un cuerpazo excepcional, motivo suficiente para que a Luis de Llano le encantara, pues lo que buscó con gran acierto en todos los grupos creados fue la imagen. Al fin y al cabo en televisión eso es lo que vende, y lo hizo y sigue haciendo a la perfección. Qué pena que por una u otra circunstancia –sin importancia– no nos adaptáramos, hubiéramos hecho grandes cosas.

Yo creo que con Fandango también me convertí en pionero de un tipo de grupos musicales que Televisa ha explotado muy bien, como es el caso de Timbiriche, RBD y Garibaldi. Pero aún estoy esperando que un día descubran a un artista de verdad, y no los inventitos que con su poderío televisivo se tragan hasta los sordos. Lo único que buscan con esos grupos musicales es poner a la vista el sueño erótico del macho de perfil medio bajo: falditas de colegiala y quinceañeras apetecibles. Pero un verdadero intérprete, eso sí qué es otro cantar.

FRESAS

En realidad, el primer grupo musical juvenil formado en México fue Fresas y, en lo personal, es un recuerdo imborrable. Fue la primera vez que me encargaron un trabajo de este tipo en México. Hacer que un conjunto de adolescentes seleccionados por Televisa se convirtiera en un grupo musical compacto y coherente no resultó empresa fácil, ya que fue muy laboriosa su realización, pero una experiencia muy enriquecedora.

Considero, sin temor a equivocarme, que Fresas marcó un camino que otros siguieron, pues en ese tiempo era un proyecto único, fresco y divertido. El grupo estaba integrado por Mariana Levy, Germán, Bonfiglio, Daniela, Denise y Toño. Casi todos ellos destacaron posteriormente en la actuación y las telenovelas, pero en ese tiempo eran unos críos con un entusiasmo desbordante. Las voces se grabaron en México y las pistas en Italia. Fueron unas sesiones tremendamente agradables, y un periodo de gran aprendizaje, sobre todo en cuanto a mi relación con un país tan especial como México.

Como dato anecdótico de la grabación de la voz del disco de Fresas, recuerdo que Felisatti y yo estábamos inquietos porque los técnicos del estudio se llevaban la grabadora a cada momento.

Nosotros pensábamos que tenían un problema técnico y no querían informarnos, pero la realidad era muy distinta. Resulta que en el estudio sólo disponían de una grabadora de 24 pistas, y como tenían dos clientes distintos al mismo tiempo, cuando lo creían conveniente desaparecían con la grabadora y se la llevaban al otro estudio. Así pasaron dos días. Esa era la primera vez que yo hacía una grabación en México y pensaba en mil motivos para justificar la constante desaparición del equipo. Al segundo día, ya estaba verdaderamente intranquilo con tanta salida y entrada del multipista. El ingeniero que trabajaba con nosotros procuraba dar a la situación un carácter de receso para tomar un café, pero la realidad es que mi cuerpo no estaba para tanto café y mi taquicardia estaba ya en el límite soportable. En la siguiente salida de la máquina, decidí seguir sus pasos. Mi sorpresa fue mayúscula cuando vi que la introducían en otro estudio y se ponían a grabar con el otro cliente, y hasta que nosotros reclamábamos su ausencia volvían con el equipo a nuestro estudio. Fue un detalle enternecedor; los pobres no sabían cómo justificar su acción. Eran momentos difíciles y era una empresa que estaba comenzando, como también estaba comenzando la carrera de un estupendo personaje, el Güero Gil.

¿Cuánto tardamos en grabar la voz del disco de Fresas? No lo recuerdo exactamente, pero fue mucho tiempo. El caso es que entre esos curiosos incidentes y los retrasos justificados de los chicos, quienes padecían el tránsito de la ciudad al salir de la escuela, fueron muchos días de esperas y de trabajo.

Era muy agradable la forma en la cual los chicos me hacían sentir, como si fuera un profesor de escuela o un tutor. A veces platicaban conmigo como si de un hermano mayor se tratara, y probablemente los asuntos que me confiaban no se atrevían a comentarlos con sus familiares. Sobre todo Mariana Levy, quien era una muchacha de una ternura inigualable y de una dulzura difícil de encontrar. Ella era la quien más confianza tenía conmigo, aunque también Daniela, que con su sonrisa podría iluminar todo el Distrito Federal. Pero Mariana se acercaba más a mí y me contaba de sus amores imposibles, quizás buscando en mi experiencia un consejo que le diera la solución a sus conflictos amorosos.

Aprovecho este espacio, Mariana, para decirte que siempre fue un placer ser amigo tuyo y de tu familia. Talina adorada, fue un tiempo irrepetible, nunca podré olvidar la forma como me llamabas ("Mimoso") ni todo el cariño que me diste.

Mariana, corazón, desde ahí arribita sabes cómo lloré que ya no estés más con nosotros, pero quedó Fresas. Fue el grupo del cual tengo el mejor recuerdo. El paso del tiempo no ha logrado empañar ni un centímetro el espejo de su recuerdo.

Lo importante, entre otras cosas, es que en la memoria de toda una generación quedó la imagen fresca del grupo y esa inolvidable melodía: *Me enamoro*. ¡Caray! Parece que fue ayer, y sin embargo ya han transcurrido tres décadas. Mucho tiempo si cuentan los minutos; pero un soplo si lo que queda en tu memoria es la ternura de gente sin maldad.

Esos años dedicados con fervor a México, como si de un principiante se tratara, me han aportado muchísimas más satisfacciones que tristezas, pues fue sólo al final de esa etapa cuando me tropecé con algunas personas de baja estofa y peores instintos.

Calculando someramente, no sobrepasan la cantidad de cinco o seis los individuos que decidieron que concluyera mi labor en ese gran país: "Las Bollindo" (liga mayor del Bolle y Bollo), un degenerado borracho de origen venezolano, un intento de *gentleman* con patillas de vendedor ambulante con judío converso bailando su son, y dos "creadores de estrellas", triste equipo para tan gran país.

¿Cómo es posible que un grupo tan pequeño de personas pudiera hacer tanto daño? Definitivamente, es mucho más fácil destruir que construir. Por ello, mi recuerdo de mi paso por México no puede ser triste, ni negativo mi balance. Comparado con la cantidad de personas que me quisieron y hasta agradecieron, espero que las malas experiencias sólo sean el mal sueño de una noche cualquiera.

GUILLERMO CAPETILLO

En este relato no puedo dejar de incluir a Guillermo Capetillo, de quien tengo un gratísimo recuerdo, así como de sus entrañables amigos.

Cuando nos reunimos con Luis Moyano para proyectar la producción del álbum, Memo era el súper galán de las telenovelas, y no había mujer en México que no suspirara por él. La verdad es que toda la saga Capetillo era muy atractiva para las féminas del continente, y desde luego, Memo no era la excepción familiar.

Él fue un gran amigo, excelente anfitrión y todo un caballero. Aunque tuvimos muy poco tiempo para compartir, vivimos experiencias muy agradables. Recuerdo una inolvidable reunión en su casa, con sus amigos y su entonces novia, Maribel Guardia, en donde escuchamos el disco que por fin habíamos logrado grabar, y el cual estoy seguro pudo ser un gran éxito, de no haber sido por los celos de la legión de legionarios de los dos mil polvos de retraso. De los que llevaban en la billetera la fotografía de la artista de su propia disquera y que eran sus amores imposibles. Esa gente descargaba sus frustraciones con los que ellos presumían que eran los verdaderos potros. Yo potrillo, pero Memo era un verdadero alazán con pedigrí, y eso se paga, mi querido amigo.

Lo que en verdad le apasionaba a Memo era la fiesta brava. No me olvido de una tarde en la plaza de toros de Las Ventas, en Madrid, cómo le mudaba el semblante cuando sentía al morlaco resoplando a la salida de chiqueros. Palidecía como si estuviera en el ruedo, la adrenalina le desencajaba el rostro, lo cual hacía que su corazón se acelerara; más que la cantada, era el toro.

Creo que pese a todo grabamos un disco cuyo resultado fue muy bueno. Lamento que las envidias pudieran más que el profesionalismo, pero quedó el recuerdo del tiempo de la grabación del disco en Madrid, el cual nos permitió entablar una buena amistad y un enorme respeto. Mi madre, que en paz descanse, me preguntó muchas veces por el chico guapo.

Desafortunadamente, el final de mi trabajo en México fue catastrófico y me hizo perder contacto con mucha gente de enorme calidad como Guillermo Capetillo.

Mi recuerdo cariñoso, Memo. Te deseo mucho éxito estés haciendo lo que estés haciendo. Recibe un abrazo de tu amigo.

ETERNA NAVIDAD

Una de las ideas más exitosas de mi carrera en México fue la de grabar un disco de temas navideños, reuniendo al gran elenco de EMI-Capitol. El disco se llamó *Eterna Navidad* y se convirtió en todo un suceso.

La idea no la improvisé en ese momento. Remontándonos en el tiempo, cuando era yo Director de Marketing en Hispavox, se me ocurrió enviar una felicitación navideña a los medios de comunicación, que consistía en un *single* con un villancico cantado por mi equipo de colaboradores, y en la portada estaba la foto de todos nosotros. De ahí fue donde tomé la idea.

Como en otras tantas ocasiones, no es que siguiera al pie de la letra las enseñanzas del maestro Tomas Muñoz, pero siempre hay ejemplos que ayudan a reinventar conceptos, lo cual es tan válido como crearlos desde cero. Debido al gran éxito de ventas del disco *Eterna Navidad*, una vez más los ejecutivos de la compañía quedaron muy asombrados con mi trabajo. Desafortunadamente, alguien se quiso apropiar del mérito y de la idea, y cuando yo intervine para defender *lo que era del César*, las envidias se desbordaron, y se generó un ambiente poco propicio en la compañía, pues todos quisieron ser padres del concepto.

Para mí no se trataba de una cuestión de orgullo personal, quien conocía mi trayectoria, ya sabía con qué carta quedarse. Se trataba una vez más de amor al trabajo, dignidad y, si me apuran, creo que un acto de justicia. Hubiera sido aceptable que el alto ejecutivo que quiso hacerse dueño de la idea propagara que fue una labor de equipo, con eso habría bastado, pero ni siquiera eso hizo, quería llevarse los laureles él solo.

Me duele mucho que la industria discográfica, un día floreciente, se encuentre en las condiciones actuales: cada vez se obtienen menos resultados y en clara crisis de creatividad.

Aunado a lo anterior, se han incorporado o bien han subido de escalafón algunos personajes de corruptela mediocre, calzón fácil y más veleidades, que han hecho mucho daño a la industria, ocasionando que mucha gente seria, con cierto respeto de sí mismos, huya o se refugie en otros menesteres, lo más alejado posible de tanta contaminación.

De pronto, a muchas personas nos ha sucedido que las ventas de las producciones se reducen a la mitad. Al principio, uno se queda muy extrañado por el hecho, y más tarde, si pides explicaciones, este tipo de directivos carroñeros contestan que el público se cansó del artista o que la producción no fue la adecuada. ¡Qué casualidad! Afortunadamente, por obra del Señor, aparece una serie de documentos que reflejan ventas marginales realizadas en la sombra. Discos que salen del almacén con pedidos de promoción, cuyas unidades deberían llevar un sello distintivo por ser un producto promocional cuya venta está prohibida, pero en los recibos de esos pedidos se rogaba no perforar ni sellar, como era preceptivo legal. ¿Qué sucede con todo esto? Pues que las unidades se vendían a mayoristas, a quienes no tiene caso mencionar, a un precio menor, dado que la mercancía no se contabiliza, y se cobra al contado al momento de la entrega. Ese dinero no facturado se ingresaba a una cuenta corriente, el cual posteriormente se transfería a otra cuenta en Estados Unidos.

Cuando increpé a un corrupto ejecutivo, con los papeles en la mano, por su falta de lealtad y honradez, sólo se le ocurrió decir que él no era el culpable, sino otra persona. Esa otra persona, al darse cuenta que se podría generar un gran escándalo, fue a parar al hospital aquejado de un infarto. Y, para colmo de males, fui acusado de ser el responsable de causar tan grave daño cardiovascular. ¡Hay que tener la cara dura!

Era obvio que ante la posibilidad de emprender acciones legales por estafa, estos ejecutivos se agruparan, como hacen los caballos salvajes, escondiendo sus cabezas y dando coces, arropados por el dúo terrible de las hermanitas. Y así comenzó la primera campaña de desprestigio contra quien había descubierto uno de los fraudes más sangrantes de la industria discográfica.

De todas formas, al clan Bollindo no le importó que fueran miles de discos vendidos de forma ilegal. Tampoco le interesó que durante tres o cuatro años me hubieran robado el producto de ventas de millones de dólares. Eran mis regalías, mis derechos de autor, mi trabajo el perjudicado; pero la legalidad, el honor, la amistad defraudada y la estafa, fueron mucho más frustrantes.

Allá ellos. Dios sabrá qué hacer. Pobre de quien dio con sus huesos en la cárcel, pagando los platos rotos de un "hijo de papá". Pobres de aquellos que tragaron tanta basura para poder sobrevivir. A estas alturas me parece esperpéntico ver cómo los y las otrora dominadores de la pantalla en sus programas de éxito se rebelan contra Televisa. No voy a defender a nadie, pero ¿por qué no saltaron hace veinte años cuando llenaban sus bolsillos a costa de la "Gran Casa" y eran, si cabe mencionarlo, mucho más despiadados que los despiadados vividores eternos? ¿Por qué ahora cuando tienen las cuentas de banco a reventar muerden la mano que les dio de comer? Las siembras mal hechas dan malas cosechas; y dice otro refrán, entre perros no se muerden. Siempre sucede lo mismo, en poco tiempo, y si interesa a cualquiera de las partes, volverán a trabajar juntos sin el menor atisbo de dignidad. Perdón... ¿he dicho dignidad?

Cambiando de tema y tratando de olvidar, retomo lo que fue uno de los mayores éxitos discográficos en México. *Eterna Navidad* fue una idea que vendió más de un millón y medio de copias, y creo que al día de hoy el disco aún se vende, pues se convirtió en un clásico y cada Navidad se reedita; sé que algunos años ha alcanzando ventas superiores a las cien mil copias.

Melody quiso participar del tremendo botín, por lo que al siguiente año de la grabación de *Eterna Navidad* realicé una producción compartida de otro disco de Navidad con artistas de EMI-Capitol y Melody. Gracias a esa producción tuve el placer de disfrutar largas sesiones de estudio con Sasha, Amanda Miguel y los integrantes del grupo Timbiriche, entre otros. Fue muy divertido; sobre todo me permitió conocer a una persona muy especial, a "Chipi" (Sasha). Con mi querida Chipi entablé una entrañable amistad. No pudimos disfrutarla mucho tiempo, pero fue muy especial.

Pero como siempre sucede, segundas partes nunca fueron buenas y ese disco navideño vendió, pero sólo algo más de trescientas setenta mil copias, lo cual al brillante "Manzanitas" le pareció un pequeño fracaso. ¡Cuántos artistas hubieran querido vender esa cantidad! No hablo de los momentos actuales, aunque ya me lo recuerda algún viejo promotor desvencijado: "estos no son tus tiempos, ahora los discos no se venden". Serán los discos que ellos hacen, pues en Londres parece que de nuevo están apostando por la música, como es el caso de Amy Winehouse. Un montón de millones de discos vendidos. ¡Una auténtica artista! AUTÉNTICA (con mayúsculas), eso es.

El otro día, hablando con un buen amigo, quien fue uno de los diseñadores de la *Solid State Logic,* sin duda la mejor mesa de grabación junto a Neve y que hoy es quien pone a punto las consolas de Justin Timberlake, Bono y la mía, me decía: "*Dear Miguel, the music is back*". Sin duda que va a volver, pero cuando se vayan los administradores a administrar, y los músicos vuelvan a tocar. "¡Salvemos la música!" sería un buen slogan.

Que se vayan los chorizos, los mamasillones, los cambiasellos y demás lacra, que por falta de previsión no han sabido evolucionar a tiempo para actualizar el negocio. Lo que el público compra son canciones, y los discos compactos se consumen cuando se ofrece algo suficientemente interesante a nivel musical, que provoque comprar todo el trabajo. De nada sirve vender un *pack* que incluya el disco, los calzones de la abuela y un micrófono, pues el que los chicos de hoy en día tienen en su laptop es mucho mejor. Mejor ofrecer trabajos bien diseñados y de calidad. Sólo las empresas que poseen *Media* tienen la posibilidad de meterle al público en la cabeza lo que les dé la gana. Como siempre he dicho, estaría bien si el propósito de vender a cualquier precio sirviera para desarrollar talento de verdad.

Es penoso ver lo que hay. Acabo de llegar a Miami, y en un fin de semana he visto que la televisión en algunas cadenas no sólo no avanza, sino que está anclada en la prehistoria. Vi un programa de homenaje a algunos personajes, aderezado con reliquias esperpénticas y noveles desafinados. Sentí vergüenza y mucha pena por quien un día fue muy grande. Ver que lo homenajean con emociones exprimidas a diario por mantener el fervor de un público que merece siempre el mejor trato y no el intento de mantenerlos en la ignorancia más terrible. Por ejemplo, estaba el cantante contemporáneo Tom Jones, quien está espectacular, continúa actuando con gran éxito y proyecta realizar un nuevo disco, el cual sin duda será un éxito. Él tiene más o menos la edad de los que allí estaban o es quizás mayor, aunque éste no es un problema de edad. Pero no comparen con el homenajeado, que ese sí merece todo el respeto y admiración del mundo latino.

LUCERO

Lucero fue parte de las experiencias más agradables en mi trayectoria profesional en México. El disco que grabamos con ella fue una producción llena de cariño fraternal y buena vibra. Los temas *Cuéntame* y *Corazón a la deriva* fueron el mayor éxito de ventas que había alcanzado Lucero en su vida y unos de los más sonados, para ser el segundo disco con su disquera Melody.

Fue un trabajo en el que disfrutamos muchísimo todos los que componíamos el equipo en aquella grabación. Lucero es una niña bella y grandota. Siempre con la mejor de sus sonrisas, cada vez que se le hacía alguna indicación, la aceptaba con toda la humildad del mundo.

Y qué puedo decir de su madre, quien siempre fue una persona agradecida y adorada, grito de guerra cariñoso, mi querida "Guerrera del Sol", que era como yo la llamaba. "Adorado" era siempre su frase cada vez que nos encontrábamos. Ella siempre dijo (y se lo agradezco muchísimo) que a mi lado Richard Gere era feo. Siento que Lucero no dijera lo mismo (es broma, Manolito).

Pese a que no era fácil dar el salto de Lucerito a Lucero, el equipo se esforzó en preparar un buen trabajo.

No hace mucho tiempo, paseando por un centro comercial en Miami en compañía de mi actual esposa, Yaire, me encontré de frente con el marido de Lucero, mi querido Manuel. Fue una enorme alegría verlo después de tantos años. Me alegro mucho que la felicidad llamara a su puerta de una forma tan rotunda, y que los haya bendecido con una familia tan hermosa.

Oscar Athié

Otras personas que me ofrecieron un gran cariño hasta el último día de mi permanencia en México fueron Oscar y Jazmín Athié. Oscar fue uno de los primeros artistas que se encaramó al éxito de mi mano. Si no mal recuerdo, *Fotografía* fue uno de los grandes éxitos de su carrera. También Oscar fue pasto del éxito, en lo que supone una digestión difícil, pero a diferencia de otros, aunque ejerció de productor y autor, nunca olvidó quién fue Miguel Blasco para él. Por eso, su casa siempre fue mi casa y viceversa.

Por cierto, en su residencia de Acapulco he pasado una de las mejores vacaciones de mi vida. La generosidad sin límites de Oscar y su familia hicieron posible que mi equipo y yo, con nuestras respectivas esposas o novias, disfrutáramos del calor de las atenciones de un gran anfitrión. Esos días estuvieron llenos de fineza, cariño del bueno, y todo lo maravilloso que los mexicanos saben ofrecer. Cada mañana nos preparaban unos desayunos dignos de un rey, y a fe que como rey me sentía.

Qué fácil es ser agradecido y qué difícil es olvidar a gente así de maravillosa. Ése es el México que adoro y nunca podré borrar de mi memoria. Aunque ahora esté en el exilio, invito a todas las personas que no conocen ese país a tener una de las experiencias humanas más impresionantes de su vida.

La familia Athié debería editar un libro de buenas maneras del verdadero pueblo mexicano: cariñoso, honrado, generoso, sincero, sencillo y trabajador. El poco o mucho dinero que ganaron, lo invirtieron en Acapulco, en restaurantes, boutiques y otros comercios. Son gente trabajadora, para ellos mi recuerdo y el de toda mi familia.

ELÍAS CERVANTES

No me quedaría tranquilo si no pongo en el lugar merecido a la persona que de una forma absoluta contribuyó al éxito logrado en México: mi querido Elías Cervantes, ídolo de los programadores mexicanos. Toda una vida en Radio Centro.

Recuerdo el día que lo conocí como si fuera hoy: fue durante una reunión con los altos ejecutivos de EMI-Capitol. La compañía se había percatado que no manteníamos una buena relación con los medios, y con la finalidad de afianzarla, dieron inicio los desayunos quiméricos del Tambache atiborrándose de *whisky sour* a tan tempranas horas, que definitivamente no eran los más adecuados para desarrollar un verdadero marketing, y mucho menos la conexión humana con los medios. Muchas de esas mañanas, el pobre chico, íntimo del clan, acababa en el Hospital Español a causa de un trance etílico.

Como Luis Moyano no era hombre de calle, prefirió que fuera yo quien mantuviera la conexión con los hombres fuertes de radio: Héctor, Manuel, mi siempre querido Elías y Adolfo, quien era junto al gran Don Gabriel Hernández, los que marcaban la pauta en la radio de México.

Cuando tuve que abandonar mi querido México amenazado por el *Popotitos,* técnicamente fui borrado del panorama musical del país. De eso se trataba. Durante mucho tiempo, años, no tuve el ánimo de volver a saber nada de ese país, ni tampoco nadie de México quiso saber de mí. Muy duro cuando durante tantos años has dado lo mejor de ti sin estafar a nadie. Por ello, durante mucho tiempo no contacté con quienes se declaraban, y así eran, mis incondicionales.

El que realmente ocupaba mi corazón por su sencillez, ternura, y por estar lleno de maravillosas cualidades, era Elías, aunque otros quisieron ver montañas de lo que eran granos de arena en el desierto de un ser humano tan grande como él.

Siempre me faltará espacio para albergar sus bondades. Quiero resaltar que Elías poseía una intuición reservada a las personas de gran talento, a los elegidos. No conozco cómo fue su final, del cual me enteré mucho tiempo después de que nos abandonara.

Mi querido Elías:

Cuando pregunté por ti, casi nadie me quiso dar razón. Era como si te estuvieran ocultando. Siento no haberme despedido de ti, pero aunque los años han pasado, no han sido capaces de borrar ni por un segundo tu entrañable recuerdo. Imposible olvidar tus chistes y tus cómicas actuaciones, pues eras un verdadero histrión. Recuerdo aquel viaje en el cual tuve el gusto de invitarte junto a mi familia a pasar unos días en un campito que mis padres tenían en las afueras de Valencia. ¡Cómo se reía mi madre! Durante años me preguntaron por ti y me hubiera gustado volver a disfrutar de tu compañía. Nunca olvidaré la cara de niño en la feria que ponías cuando durante el viaje a Valencia veías el velocímetro del auto rebasar la marca de los doscientos kilómetros por hora. Cómo te he extrañado, Elías; que pocos amigos como tú.

Manantial inagotable de humor incombustible e inamovible frente al qué dirán. Imagino que te habrás tropezado por ahí con mis padres, quienes se fueron hace tres años. ¡Ojalá! Si tuviera que escribir cuánto te debo, necesitaría varias páginas, pues sin tu mediación ante el *jet set* de la radio, no me hubieran tratado como lo hicieron. Aunque "el Gallo" también tiene un espacio importante en mi vida. ¡Qué bien lo pasamos! Riéndonos de lo humano y lo divino.

Nunca olvidaré tu frase preferida cuando nos cruzábamos con una buena moza. Siempre decías: "¿A qué hora vas por el pan?". Un mexicano de los de verdad. Todo corazón. Siento no haberte dado más abrazos, siento no haberte dicho más veces que significaba un lujo ser tu amigo, si bien sé que no te hizo falta. Tú ya lo sabías. Aquí sigo vivo. Gracias a Dios pude escapar de la mediocridad de unos pocos y continuar mi carrera en solitario por este maravilloso mundo que un día compartimos. Tú mejor que nadie conoce lo que es ser agradecido. ¡A cuantos convertiste en "Número uno"! Y cuántos no estuvieron en tu caída al vacío. Mucho me dolió saber que te habías marchado en condiciones poco merecidas para un ser tan especial como tú. Cuántos peores que tú, muchos peores han abusado *de todo* más que tú, pero a ti te tocó. Eras demasiado grande por dentro y no encontraste la forma de defenderte de aquellos a los que les encanta hacer leña del árbol caído. Pero tú no te preocupes demasiado. El pino que plantaste con mi padre está hecho un gran árbol, al lado del algarrobo grande de la pinadita.

Yo te recuerdo como el primer día y sabes que siempre te estaré agradecido. Cualquier día de estos te preguntaré: ¿A qué hora vamos por el pan?

LA GÁRGOLA

Con tanta gente decente que he encontrado en mi camino, es una lástima que un grupito de incapaces, un pobre diablo drogadicto y un par de mujeres insatisfechas con el trauma, entre otros, de gozar de poder —pero no del suficiente—, hicieran tanto daño después de recibir tanta generosidad, cariño y esfuerzo que les dio un montón de éxito, satisfacciones y ganancias. Pero así es la vida. También en México hay de eso.

La deslealtad no es privilegio de ningún país; quizás algún día tenga el púlpito adecuado para que quienes se sientan aludidos den la cara sin escudarse en matones y guaruras que presionan cuando no estás de acuerdo con esos hijos del parque jurásico, o cuando descubres que alguno de sus protegidos es un pillo que también a ellos estaba estafando, pero como es mexicano, era necesario protegerlo. Un estafador es un estafador, ya sea mexicano, chino o español. Ese nacionalismo en el que se escudan para cometer toda clase de tropelías y enterrar las molestas verdades, no es hacer patria, eso es alimentar la ignorancia para poder ejercer el poder al que se aferran a cualquier precio, haciendo un daño irreparable a ese gran país.

Desafortunadamente, continúan manejando parcelas de poder que aún les otorga el privilegio del derecho de pernada. Tiempo tendrán para ser juzgados por quien todo lo ve. Quizás un día México se libere del exacerbado nacionalismo y recupere ese lugar maravilloso que tiene, como decía la canción de Negrete: *México lindo y querido,* yo también digo como él, *que digan que estoy dormido,* mientras esa gente esté allí. Sin duda, la desaparición de un par de seres que tanta basura vertieron sobre mi persona, me hizo rectificar un buen pedazo del relato, lo cual indudablemente descafeinará un poco el resultado del escrito. Seguro ese par no se va a tropezar con Elías Cervantes, ni con mis padres, ni con quienes ganaron dignidad a fuerza de nobleza.

Para montones de personas relacionadas con el mundo artístico, quienes por ser creativos pero extranjeros tuvimos que pagar el precio de abandonar un país al que entregamos casi media vida, hubiese sido ilustrador, y a la vez reparador, contemplar que algún día se hiciera justicia. Muchos tuvimos que escapar de manera inmerecida. Unos, por fortuna, lo pudimos hacer por avión, pero otros tuvieron la obligación de hacerlo escondidos en la cajuela del coche de algún amigo.

Yo tuve suerte, según me comentaron algunos amigos mexicanos que conocían la realidad del resultado de esos atropellos, mucha suerte al poder llegar al aeropuerto acompañado de gente que me apreciaba y de un general que me llevó hasta el asiento del avión, pues no se fiaba de que en el último tramo de la pasarela al avión sucediera algo que, al parecer, ya ha ocurrido en otras ocasiones.

Gracias a todos ellos, ahora puedo contar estas anécdotas, que con seguridad permitirán conocer mejor algunos detalles de artistas y de otras personas, quienes para el gran público son una gran incógnita, y con estas palabras pretendo dar a conocer un montón de pequeños detalles que hacen de este negocio el más apasionante; pero como todo, tiene también sus grandes miserias y miserables disfrazados.

Ya Molotov puso a muchos en su sitio de forma merecida porque este mundillo y sus alrededores está excedido de gente despiadada de medio pelo quienes descargan sus frustraciones haciendo el mal para lograr trepar al poder, aunque sea unos peldaños por la escalera de servicio; depredadores que engañan con una finta felina disfrazada de amistad y falso cariño, esos y esas con quienes se comparten noches de tertulia empalagándote con sus halagos, y parte de tus inquietudes y pequeños y grandes secretos, pero cuando se hace de día, como vampiros diurnos, te devoran vendiendo y traicionando la confianza depositada horas antes, como si con ello lograran algún beneficio en su carrera.

Esa gente es como un mal sueño que se gana a pulso; que la mayoría de quienes se atreven a mencionar su nombre, entrecruce los dedos o toque madera para alejar su maleficio. Esos devoradores de espíritu que siempre se alían con sus afines para asomarse aunque sea un segundo en la foto de quienes sí son importantes.

A esa depredadora quien se comió sin piedad a jóvenes y no tan jóvenes, que provocó divorcios entre sus víctimas e inició en el laberinto lésbico a más de una niña desorientada, a artistillas de poco calado que probaron ser lo que no eran, y otras que se quedaron. Benditas las que sí lo gozaron, pero pobres de otras que quedaron lejos de lo que fueron sus sueños, indecisas, ancladas en una insatisfacción de la cual nunca pudieron escapar; otras quedaron encantadas de la vida, y me parece muy bien, pues como decía mi querida madre que sembró de refranes mi adolescencia: "En su coño y su zaranda nadie manda". Así creo yo que debe ser, por libre elección.

Como digo, qué suerte para aquellas que probaron y disfrutando se quedaron con lo que les gustaba y les gusta, pero pobres de aquellas que se encarcelaron en la torre de oro y marfil hasta que el callo mató la feminidad que otrora derrocharon a raudales pregonando su amor por hombres que no pudieron tener. Hoy me entristece verlas atrapadas en ese travestismo por costumbre mas no por instinto. Benditas quienes lo disfrutan y pobres de las que cayeron en la diabólica trampa de esa depredadora que no reparó en nada con tal de satisfacer sus bajos instintos. Dios la vigile para cuando llegada la hora de todos, le pregunte si ya se realizó como las otras: las serpientes.

MIGUEL BLASCO
EL ORIGEN DE LAS ESTRELLAS

Primer Disco
de Oro de Tatiana.
Miguel Blasco,
Tatiana y Luis
Moyano.

Tatiana, la madre de Tatiana, Jesús Gluck, Miguel Blasco, Chu, Luis Carlos,
Guido Laborantti y Felisatti.

Durante la grabación
del disco de Tatiana
en los estudios Emi-
Capitol.

Mayte, Miguel Blasco,
Fernanda, Luis Moyano e
Isabel. Triple Disco de Oro.

Pandora recibe quíntuple Disco de Oro en México, D. F.

Alejandra Tamargo, Mayte,
Fernanda, Isabel y los hijos
de Miguel Blasco, Sandra y
Miguel, en su casa de Madrid.

Rocío Banquells.
Portada de disco Wea México,
diseñada por Tony Luz.

del disco, Miguel Blasco y del realizador Felisatti.

¡ADIOS, BLASCO!

"Dentro de mi sonografía existen siete temas del compositor Felisatti, dos temas de Lara y Monárrez, **Recuerdos de ti** y **Una Historia más**, y un tema de Manuel Pacho **Con él.** La problemática de este caso se formó cuando el equipo de trabajo Blasco-Felisatti, no aceptó el hecho de que les discriminara tres de sus canciones, y por supuesto, me negué rotundamente a incluirlas en el disco. Escogí los dos temas de Lara y Monárrez y el de Manuel Pacho, porque son bellísimas melodías y dicen mucho, y precisamente al hacer lo que hice, el dinero no llegó completo al club Blasco, me refiero a que ganarían, económicamente hablando, el dinero de sus siete temas que sí se quedaron en la producción. Para Miguel Blasco fue tremendo que yo y la disquera nos uniéramos para permitir tocar las melodías que meramente sentía. Este será el último disco que hago con Miguel, y si algún día mis ánimos llegan a reflejarse en escribir un libro sobre mi vida, agradecería y recalcaría, que

Blasco siempre fue la compañía que me ayudó a iniciarme en todo lo maravilloso que suscitó como cantante. Me realizó dos discos estupendos y creyó en mí. Ahora está muy ofendido por lo sucedido, y desgraciadamente esta será la última ocasión en que trabajemos juntos. **Bésame** es el título de una de las canciones de Felisatti que no permití. Un tema horrible, donde no podía creer lo que estaba cantando, considero que todo ser humano la ·riega·, no somos perfectos, y este fue un lapsus de Felisatti muy drástico. Así es como era imposible lanzar al mercado una segunda sonografía sin calidad, después de ser esperado por tantas personas, por mi público. Mi lucha ha sido con las ganas de que esta producción lleve un toque muy a la Rocío Banquells."

CON EL **DIRECTO A** ESPAÑA

"El video de **No soy una Muñeca** ya está realizado, suponemos que en la producción del disco tenemos que llevar una secuencia de acuerdo a los temas que sean de promoción. **Nadie** es una de las melodías dentro de las que creemos y

Daniela Romo y Miguel Blasco durante la grabación de su disco en Eurosonic, Madrid, España.

Daniela Romo y Miguel Blasco frente a los estudios Eurosonic, Madrid.

Miguel Blasco y César Costa en la lujosa mansión del artista en Valle de Bravo.

Yuri en su primer viaje a España.
A la derecha, Miguel Blasco.

Yuri y Miguel Blasco en los Conway
Recording Studios, Los Ángeles,
California.

A la mitad de la grabación del disco en los Conway
Recording Studios.

Es Él.

Portada del disco *Uno entre mil,* de Manuel Mijares.

Foto: Max Clemente

...ela, Yuri, Oscar, Tatiana, Miguel Blasco, ...rianna, Jazmine, Denise y Manuel

Eterna Navidad.

Fandango flanqueando
a Pablo Pinilla.

Grupo Fandango.

Lucero y Miguel Blasco,
en los premios Heraldo.

Alejandra Guzmán y Frida Sofía en Madrid.

Alejandra Guzmán y Miguel Blasco.
Fotografía tomada en los estudios
de Televisa.

Alejandra Guzmán y Guido Laboranti.

Alejandra, Gabriela Diaque y Miguel Blasco
cuando Alejandra recibió las primeras
canciones que grabaría.

Gabriela Diaque, durante la reunión
para el primer disco de Alejandra Guzmán.

Alejandra Guzmán, Miguel Blasco y su ahijada Frida Sofía.

Así las dejé… como dos princesas:
Alejandra Guzmán y Frida Sofía.

EL UNIVERSAL

Déjame terminar mi disco
y después lo matas.

Cansado de que le quiten su dinero, Enrique Guzmán manejará la carrera de su hija

Ella recibió una oferta de (Blasco) PolyGram de España; él canceló su show en Las Vegas

Por Víctor Hugo Sánchez

Cansado de que le quiten...

Viene de la página 1-D

Entrevista a Enrique Guzmán.

From : Jan.05.1988 10:12 PM P01

Miguel Blasco Carabia

EN MEXICO D.F. A 25DE ENERO DE 1988

DE UNA PARTE MIGUEL BLASCO CARABIA, ESPAÑOL CON PASAPORTE N.º94613/83
RESIDENTE EN MEXICO D.F. CON DOMICILIO EN EL CAMINO A BELEN# 85

DE OTRA ALEJANDRA GUZMAN PIÑAL CON N.ºDE REGISTRO FEDERAL DE CAU=
SANTES CUPA-680209 CON DOMICILIO EN LA AV. DE LAS FUENTES # 624
COL. PEDREGAL DE SAN ANGEL.

ACUERDAN:

1) EL SR. MIGUEL BLASCO SE COMPROMETE A PREPARAR LOS MEDIOS NECE=
SARIOS PARA LA GRABACION DE UN DISCO L.P. EN EL AÑO 1988.
2) LA SRTA. GUZMAN SE COMPROMETE A CUMPLIR CON TODOS LOS REQUERI=
MIENTOS ARTISTICOS Y TODO LO QUE PARA LA BUENA REALIZACION DE
GRABACIONES DISCOGRAFICAS,ACTUACIONES PERSONALES,TELEVISION,REPORTAGES
FOTOGRAFICOS ETC. EL SR. BLASCO LO REQUIERA.
EL SR. BLASCO,SE RESERVA EL DERECHO DE SUSCRIBIR UN FUTURO CON=
TRATO CON LA SRTA. ALEJANDRA GUZMAN PIÑAL PARA UNA DURACION DE UN
AÑO PRORROGADO POR TRES AÑOS MAS. EN ESTE PERIODO,SE COMPROMETE
EL SR. BLASCO A REGISTRAR O GRABAR UN DISCO L.P. CADA AÑO CONTRA=
TUAL.
EN ESTE COMPROMISO Y CASO DE REALIZARSE EL FUTURO CONTRATO Y SUS
PRORROGAS,LA SRTA. ALEJANDRA GUZMAN PIÑAL,CEDE LOS DERECHOS DE
REPRESENTACION EN TODA SU EXTENSION AL SR. MIGUEL BLASCO.

PARA QUE CONSTE A TODOS LOS EFECTOS FIRMAN EN MEXICO D.F.

ALEJANDRA GUZMAN PIÑAL   MIGUEL BLASCO CARABIA

TESTIGOS:
A. A. ALVAREZ ALIJA   J.R. FLOREZ

MADRID / Teléfono 715 33 98

Contrato celebrado por Alejandra Guzmán
con Miguel Blasco.

Contratos celebrados entre Alejandra Guzmán y Melody.

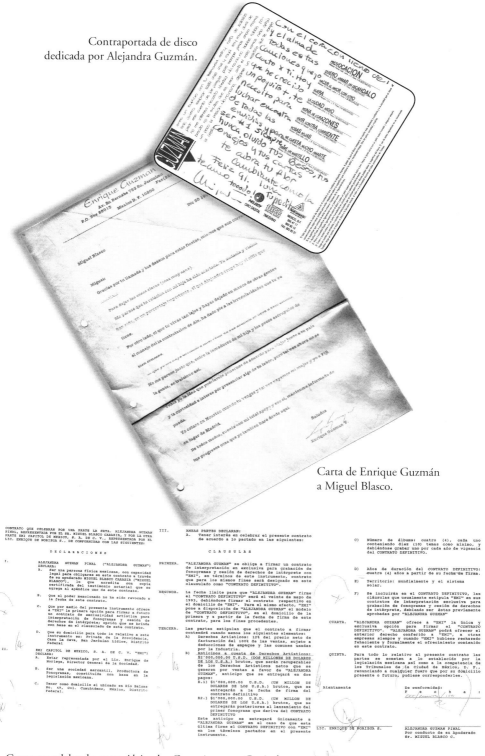

Contraportada de disco dedicada por Alejandra Guzmán.

Carta de Enrique Guzmán a Miguel Blasco.

Contrato celebrado entre Alejandra Guzmán y EMI-Capitol.

Portada del disco *24 kilates,*
de Paulina Rubio.

La *Chica Dorada.*

Yolanda Andrade, Paulina Rubio,
Miguel Blasco y su hija, Sandra Blasco.

Paulina Rubio, Miguel Blasco, Susana Dosamantes y Coco Galarcep,
entrega del Triple Disco de Oro a Pau.

Miguel Blasco con sus queridos amigos Lucía Méndez
y Pedro Torres, en la casa de la pareja en Las Lomas
de Chapultepec en México.

Pedro Torres, Lucía Méndez y
Miguel Blasco. Cumpleaños de
Lucía Méndez en casa de Miguel
Blasco en Key Biscaine, Miami.

Aldo Romano, Pedro Torres, Lucía Méndez, Miguel Blasco y Braulio
durante la celebración del cumpleaños de Lucía.

Aranza.

Sentidos Opuestos.

Guido Laboranti y Miguel Blasco.

Philipo, Miguel Blasco y Guido en el
María Isabel Sheraton, México, D. F.

Miguel Blasco, Ariana, el Boli y el maestro Jesús Gluck.

Miguel Blasco, Paolo Salvattore y José Luis Gil
(firma de contrato en Hispavox, Madrid).

Elías Cervantes e Isabel Carabia, madre de Miguel
Blasco, en su casa de campo en Valencia, España.

Miguel Blasco, Adriana y Omar en Acapulco

Miguel Blasco y Guido Laboranti.

1985   1996   2006

Miguel Blasco, personaje protagónico en la historia de la música pop en español. De su mano triunfaron los más grandes artistas latinoamericanos, colmando de éxitos musicales la década de los ochenta.

Alejandra Guzmán

Antes de adentrarme en la historia de la carrera artística de Alejandra Guzmán, quiero aclarar que su hermano Luis Enrique Guzmán Pinal nunca estuvo involucrado en todos los líos desatados posteriormente con su familia.

Ya casi al final de la historia que estoy por relatar, Doña Silvia Pinal me encomendó a su hijo para enseñarle una profesión. Lo que más quería Luis Enrique era convertirse en ingeniero de grabación. Y lo acepté, pero no por la hermana, ni por la madre, sino porque mi querido Plumarraco era un chaval adorable. Con casi todos los *gags* familiares pero un tipo sano. Creo que en total estuvo trabajando en mi estudio como un año, para que aprendiera la profesión. Era estupendo, jamás lo vi enfadado, siempre con su cigarrito de la risa, que no daña a nadie, y parece ser terapéutico, porque le provocaba la misma risita nerviosa que a la hermana, a flor de labio. No supe más de él. Me llegaron rumores de que lo habían detenido en la frontera de Estados Unidos con algún cigarrito, pero fuera de ahí nada que ver con su hermana y mucho menos con su progenitor. Era un muchachito *gentleman*, adorable y bueno. Siempre en su onda, pues él no comulgaba con rollos pesados tan afines a su clan. Era más bien inocente, sin pedo, como él decía.

Luis Enrique:

Donde estés, que espero sea pasándotela muy bien, como a ti te gustaba, quiero que sepas que siempre te he tenido un enorme cariño, pues eres el más puro y legal de toda la saga. ¡Qué buena onda, Plumarraco! Mi cariño para ti.

Corría el año 1988 y, desgraciadamente, mi relación con Luis Moyano estaba tremendamente deteriorada; mi etapa en EMI-Capitol había llegado a su fin.

Como ya he mencionado, me decidí a escribir pues no tengo otra arma para intentar defenderme de las barbaridades que los seis gañanes de costumbre lanzaron al viento sobre mi persona y al tabloide esclavo. Espero que con este relato queden las dudas despejadas para quienes dudaron. En estos días dedicados a ordenar periódicos, revistas y documentos, yo mismo me abochorno de tanta basura impune. Si bien ya estoy viendo que a cada puerco le llega su San Martín. En el programa de la cadena televisiva Mega, a través de Internet veo cómo se empieza a hacer justicia. Ya era hora de que muchas personas dejaran de ser intocables y se acabara el "de allá para acá". Ahora también se puede el "de acá para allá".

Hablando de que todos tienen su hora, el pobre Luis Moyano fue defenestrado de la manera más humillante. Dicen que el presidente regional de la compañía, Charles Andreus, llegó a México un buen día y ni siquiera pasó por el hotel, sino se dirigió directamente a las oficinas de EMI-Capitol y lanzó a Luis, sin permitirle siquiera tocar un solo papel de su despacho. Sólo su chaqueta y a la calle. ¿Por qué sería....?

Volviendo al tema. En aquellos últimos meses de 1988 yo me encontraba en los estudios de Capitol realizando audiciones a nuevos artistas junto a Gluck y Cerrone. Entre ellos estaban Antonio, Kala y los posteriormente conocidos Caifanes. La sala del estudio estaba llena, unos por un lado con Gluck, y otros con Cerrone. También tenía como oteadores a Pablo Pinilla y a Gonzalo Benavides. Fueron estos últimos quienes me advirtieron sobre Alejandra Guzmán. "Está un poco loca —me dijeron—, pero tiene algo especial". Les pedí que me la llevaran al día siguiente para hacerle una prueba, y así fue.

Cuando vi aparecer a Alejandra, casi me da un pasmo. Al principio, al verla a través del cristal, no sé exactamente lo que sentí. Estaba gordita y desgreñada, usaba un vestido medio gótico, y estaba bastante sudorosa. Se movía de un lado para otro a diez mil revoluciones por minuto. Como ese día ya no tenía tiempo para recibirla, debido a que esa tarde se presentó más gente de la prevista para audicionar, le rogué que volviera al día siguiente.

Efectivamente, al día siguiente volvió. La vi aparecer como un meteoro y de la misma guisa que el día anterior. Iba acompañada por Kala, quien parecía ser su noviete en esos días, pues hablar de más tiempo en una relación "alejandrina" era una quimera, visto lo visto y pasado el tiempo.

La sala estaba llena de gente, entre artistas y ejecutivos de Melody, tratando de convencerme para que produjera a Antonio y a muchos otros. De repente, sin esperar ser invitada, Alejandra abrió la puerta del lugar en donde yo estaba, y con un estruendoso grito, dijo: "¡Oye, cabrón! ¿Me vas a escuchar o no? Ja, ja, ja, ja (la característica carcajada nerviosa de Alejandra)". Su aparición tan escandalosa hizo que todos los presentes se quedaran mudos. Entonces, hice salir a todos de la sala y nos quedamos Jesús Gluck, al piano, Alejandra Guzmán y yo.

—¿Qué sabes cantar?, le pregunté.

—¡Lo que me echen! —respondió ella.

—Dime algo en concreto.

—Bueno —respondió ella—, con mi mamá canté en el teatro, en la representación de *Mame*.

—Pues adelante —le dije.

Y con un desgarro que me puso los pelos de punta, empezó a cantar y a bailar. Parecía que las venas de su cuello iban a reventar; su exposición fue máxima y su derroche interpretativo emocionaba a quien la escuchaba, a pesar de sus grandes carencias.

No tuve ninguna duda. Estaba delante de un fenómeno artístico de gran magnitud, si bien había que pulir mucho, pero en su conjunto era algo inconmensurable. La garra de esa chica no era común, todo la hacía especial. Pese a su vestimenta y aspecto físico, los cuales no eran para presagiar nada del otro mundo, sí tenía lo que en boxeo se conoce como "pegada", la cual da de lleno cuando se tiene a alguien que es diferente. Despedía el olor característico que los cazadores de talentos percibimos y nos hace diferenciar lo común de la genialidad.

Los integrantes de mi equipo y yo nos fuimos a cenar con Alejandra, Guido Laboranti, Pinilla, Cerrone, Gluck, Gonzalo e imagino que Felipe, pues no se despegaba de nosotros. Esa noche le hice saber a Alejandra que era lo más maravilloso que podía sucederle a un productor.

—Ale, tienes un talento innato que si lo trabajamos vas a llegar a ser la "Número uno" —le dije.

—No mames. ¿Yo? No puede ser —decía Alejandra desorbitando los ojos, pues no lo podía creer.

Alejandra nos contó que había intentado ser artista mil veces y por mil caminos distintos. Comentó que Luis de Llano la llamó cuando se estaba integrando el primer grupo de Timbiriche, pero al final la corrió y le dijo que buscara otra manera de realizarse, pues cantar no era lo suyo. Por eso la pobre Ale no creía nada de nada, eran demasiadas puertas a las que había llamado, y ser hija de famosos no le había abierto ninguna de ellas.

Entre lágrimas también nos contó un poco de su tortuosa vida. Era la oveja negra de la familia Guzmán-Pinal. En su casa nadie le hacía caso. Tampoco es que hubiera demasiadas personas en el hogar, a excepción de la fiel Tere, su nana. Y tampoco nadie apostaba, y ni siquiera podían imaginar, que Alejandra pudiera llegar a convertirse en artista. Tras deambular por bares y locales de rock cantando sobre las mesas, arrasando con los tragos inacabados que encontraba, pasó como en los sueños... de Cenicienta a reina del *Rock & Roll Latino*.

El relato de su vida nos conmovió. Era la Cenicienta de la saga de los Guzmán-Pinal. Nos contó cómo odiaba especialmente a su padre, quién de un puñetazo le había roto los dientes frontales superiores, y a quién apenas veía. También nos impactó mucho la soledad que la rodeaba. Vivía en casa de su madre en El Pedregal, en una enorme mansión, la cual más parecía el panteón del olvido. Decenas de muebles cubiertos con decenas de sábanas daban a lo que probablemente fueron majestuosos salones y quizás un intento de hogar, un panorama lúgubre y desolador. La verdad sea dicha, Ale no tenía ni un mísero yogurt en el refrigerador. Sus sollozos nos dejaron a todos congelados. Realmente no podíamos creer el abandono en el que vivía. Su madre, Silvia Pinal, entre gira y gira apenas le dedicaba tiempo.

Esa misma noche, confiando en mi intuición y movido por la ternura que Alejandra despertó en todos nosotros, decidí hacer algo que salvo rarísimas excepciones solía hacer: comprometerme de manera absoluta y por escrito con un artista. Lo hice porque necesitaba convencerla de que mi propuesta y la apuesta por ella iba en serio, y decidí firmarle un contrato. En dicho contrato me comprometía a grabarle un disco en un plazo máximo de un año, corriendo yo con todos los riesgos y con el ofrecimiento de lanzarla al mercado. A su vez, Alejandra quedaba ligada contractualmente a mí en todo lo referente a discos y shows. Si el éxito llegaba, yo me reservaba ciertos derechos normales en cualquier compromiso. Lo que redactamos era muy rudimentario respecto a un contrato discográfico o de *management*, comparado con los contratos estándares entre *management* y producción.

Lo importante era que Ale se sintiera segura, y yo protegerme de cualquier riesgo, al menos un poco. No hace falta decir que ese contrato se firmó con gran alegría por ambas partes, y ella, ante la seriedad de la propuesta, ya que no dejaba de ser un compromiso legal el cual me obligaba a mí más que a ella, cambió sus dudas por fe. Guido Laboranti redactó todas las estipulaciones acordadas por ambas partes y lo firmamos, actuando de testigos, Guido Laboranti, José Antonio Álvarez Alija y el resto del equipo.

Delante de todos le hice prometer a Ale que desde ese momento debería hacer todo cuanto yo le indicara. Nada de drogas, nada de alcohol y mucho gimnasio. Ella aceptó llorando de emoción todos mis requisitos; imagino que con otras personas las exigencias habrían sido muy diferentes. Tan distintas como fueron cuando firmó otro contrato, traicionando de entrada toda la buena voluntad que yo había puesto al firmarle un contrato tan escueto, pero legalmente válido y en vigor, el cual invalidaba el que firmó de manera desleal.

Alejandra Guzmán juró no defraudarme y yo también lo hice. La única diferencia fue que yo lo hice hasta el final.

Encargué a una de mis mejores amigas en México, Gabriela Diaque, la custodia y seguimiento de Alejandra, para que no le faltara nada. Desde ese momento, Alejandra se convirtió en otra persona. Si en una fiesta se cruzaba con alguien que me conociera, se apresuraba a dejar su vaso delator en cualquier lugar, por si alguno de los presentes me informaba del hecho. Todo fue como un sueño. Alejandra tenía todos los ingredientes para convertirse en lo que fue poco tiempo después: una gran estrella.

Regresamos a España y durante unos meses nuestra preocupación mayor fue encontrar un estilo para Alejandra. Ella apenas tenía experiencia y por supuesto no tenía un estilo particular en el cual basarnos. Por ello, yo daba por sentado que en la primera grabación nos encontraríamos con sorpresas. Seguro algunas canciones no le quedarían bien a su incipiente forma de cantar, y esos errores asumidos me costarían un gran esfuerzo, pues una cosa es hacer un disco a una artista ya establecida, que inventar desde la nada y canalizar un gran caudal de energía. Pero estaba en juego mi palabra, y sobre todo mi absoluta confianza en que no me estaba equivocando. No era un proyecto fácil. Había que inventarse el camino, y si lo encontrábamos, pondríamos toda la carne en el asador.

En nuestro siguiente viaje a México, nos reunimos con Gus-Gus, que era como siempre llamé cariñosamente a Ale, y probamos algunas canciones preparadas expresamente para ella. El grado de entusiasmo subía por momentos. Alejandra estaba desbordante y ese entusiasmo lo compartíamos todos. Era muy difícil no contagiarse de la energía tan especial que Alejandra emanaba. Virtud fundamental a lo largo de su carrera.

Le dije a Ale que en un par de meses debería tomar un avión para trasladarse a Madrid a grabar su disco. No paraba de abrazarme y de besarme, y me seguía como si tuviera miedo de despertar de un maravilloso sueño.

En esos días yo estaba en conversaciones con Melody, debido a los problemas surgidos con las personas de EMI-Capitol, y dada la relevancia y trascendencia de sus cargos y de los motivos que eran de gran importancia, tuve que dar por concluidas mis relaciones con la empresa como productor exclusivo. Los motivos no los voy a relatar; no lo hice en su momento, porque los responsables fueron sus ejecutivos, no la compañía, y no es mi intención causar un daño a la que casi siempre fue mi casa.

Melody me ofrecía los mismos emolumentos y condiciones económicas específicas que mi caché demandaba, por lo que quise regularizar cuanto antes mi situación anterior. La renuncia a mi contrato con Capitol fue por escrito y con expresa renuncia por mi parte a las cantidades pactadas como salario, manteniéndose el resto de compromisos.

Una vez más, a veces no son las instituciones las que muestran deficiencias y funcionan mal. Son las personas que trabajan en ellas quienes provocan esos resultados, en ocasiones ejerciendo abuso de poder y corruptelas. Por tanto, era libre de contratarme con quien me ofreciera mejores oportunidades de continuar creando, lo cual era lo que me gustaba hacer. Nunca metí la mano en la caja y siempre me alejé de quienes lo hacían. Precisamente, ése fue uno de los motivos por el cual me costó trabajo encontrar continuidad a mi profesión.

Concerté una cita con quien posteriormente resultó ser todo un hallazgo. Este primoroso personaje se dedicaba en cuerpo y alma a la mística teológica, al recogimiento y a la meditación más profunda. Pues bien, un buen día, en el que se encontraba meditando tranquilamente con tan elevados pensamientos, se vio atacado por una generosidad y un desinterés tan grande, que decidió cambiar de religión para construirse un cielo mayor y convertir "la dote" en realidad. Llegar a ser "un converso por ambición".

Al no conocer sus virtudes de asceta, le ofrecí tomar parte en el proyecto de Alejandra Guzmán. Entonces, entornando los ojos y con esa sonrisa a lo John Wayne que ponía cuando se sentía ganador, me comentó que ya le habían ofrecido a esa artista y que yo llegaba tarde. Luis de Llano ya les había propuesto contratar a Alejandra, cuando en su momento no la tomó en cuenta. Con una atractiva caída de ojos y las mejillas a punto de estallar como los tomates al sol, el convertido mentalista se pavoneó ante mí, pues seguramente pensaba que otro mordía el polvo ante su tremenda astucia. Quizás había tomado un cursillo con el Chapulín Colorado.

Siempre me hago la misma pregunta: ¿Por qué los de arriba siempre ponen a un cretino por debajo y le permiten regarla de manera constante para luego ellos aparecer como salvadores? No hay palabras para expresar de qué forma se descompuso y se infló de ira cuando le enseñé el contrato en vigor, suscrito entre Alejandra y yo. Pese a lo bicho que es, debo reconocer que tuvo un gesto de profesionalismo evidente, y el talentoso Burrí aceptó participar en el proyecto pactando presupuestos de producción. También me dio su palabra de que mi contrato de exclusividad con Melody, tal como habíamos acordado anteriormente, se llevaría a cabo en cuanto lo preparara con Alejandro Quintero antes de mi regreso a España. Le advertí que precisamente en este proyecto podría tener alguna variación presupuestaria, ya que estimaba la posibilidad de sacrificar algunas canciones, pues el estilo lo definiríamos sobre la mesa de grabación y eso costaba dinero.

Generalmente, Burrí siempre respondía con un gesto de suficiencia, dando a entender que tenía suficiente capacidad para acometer cualquier eventualidad y no reparaba en gastos. No entiendo cómo personajes así, tras destruir una compañía con un gran futuro, era contratado por una multinacional como Sony para tenerlo unos años haciendo nada, y luego Obelix lo contrata como parapeto mientras se realizaba la transición. Como digo, siempre buscan una cabeza de turco a quien poder despachar en el momento preciso.

Recuerdo lo enojada que vino una noche Alejandra. Había comunicado a sus progenitores los planes de ir a España a grabar un disco con Miguel Blasco, y poco menos se murieron de la risa. No se lo creían por más que la chaparra se esforzó en convencerlos. Al parecer se burlaron bastante de la pobre Gus-Gus. Como nos había comentado infinidad de veces, los que menos fe tenían en ella eran precisamente quienes más deberían apoyarla, si bien los acontecimientos que se sucedieron cambiaron en tiempo, y mucho, el panorama familiar. Al tintineo del oro...

En aquellos comienzos, no puedo decir que contáramos con demasiada ayuda ni ánimos por parte de otros. Mucho menos por parte de los padres de Alejandra. En muchas ocasiones me he reído por dentro. Una vez que Ale se convirtió en un fenómeno musical y social, incluso desplazando en popularidad de una manera rotunda a sus familiares, entonces, de la noche a la mañana, ante lo que estaba sucediendo y de manera espectacular, resulta que todos habían creído siempre en la pequeña y talentosa Guzmán. Ver para creer.

Gracias a Dios nuestros esfuerzos no fueron en vano, y el milagro sucedió.

El primer disco resultó un tremendo trabajo. Una vez grabadas las canciones, nos dimos cuenta que algunas de ellas no podía interpretarlas, pues Alejandra no tenía ninguna experiencia vocal, y no es lo mismo probar sobre demos, aun pensados para ella, que entrar en un estudio de verdad y en la soledad de la sala dar un resultado perfecto. Nos tomamos todo el tiempo necesario y grabamos nuevas canciones, hasta lograr un resultado que satisfizo a todos. Ale derrochó voluntad y entrega; algo que más tarde le faltó, junto al sentido de lealtad.

Cuando presentamos el trabajo en Melody, todo fueron parabienes y euforia total. La "guzmanmanía" empezaba a fraguarse. Todo eran palmaditas en la espalda, invitaciones a comidas, cenas y abrazos.

Pero eso sí, no quisieron saber nada de los cuarenta y cinco mil dólares que el proyecto había costado por encima de lo presupuestado. Con esa siempre sonrisa de Buda feliz y promesas serias de compensaciones futuras, oro y miel, se eludió la cuestión de los costos y del eterno contrato que teníamos pendiente, el cual siempre torearon como si todos menos ellos fuésemos imbéciles.

Yo pregunto, ¿quién en México se hubiera atrevido a demandar a esta gente? ¿Y cuál podría ser el resultado de una demanda contra ellos? Sin duda ni se habría admitido a trámite y luego habría que atenerse a las consecuencias, no se podía hacer otra cosa.

Aún no se podían alzar las campanas al viento. Fríamente, todavía no habíamos vendido. Lo que sí hicieron sin consultarme, tanto Melody como Alejandra (tan leal como siempre), fue firmar un contrato de exclusiva con la disquera, incluso a sabiendas de que no podían saltarse legalmente el contrato de exclusividad que amparaba discos y shows, suscrito unos meses antes conmigo. Cuando nadie del medio quería saber nada de ella, cuando lo único que Alejandra recibió fueron patadas en el trasero. Ese contrato que M.A. Rubí, presidente de discos y cintas Melody, vio en su momento con sus ojos de ternera, también se lo estaba pasando por donde nunca le dio el sol, y aunque le hubiera dado, de nada le servía... lo usaba poco.

En ese momento ya se había empezado a cometer la primera de las ilegalidades y abusos de poder que se podían prever, pues no estaban respetando mi acuerdo con Alejandra. Reclamé sin broncas esa salida de Madre, y a cuento de ello, entro en liza otro que tal anda: el Vicepresidente de Televisa, Alejandro Quintero. Comidas en los salones privados de la empresa, agasajos, me llamó su "gurú" en una reunión multitudinaria con todos los altos directivos. No cesó durante meses de colmarme de promesas y halagos. Todo, menos formalizar nuestras relaciones profesionales, como me habían prometido, y menos aún, reparar la agresión legal y la injusticia que habían cometido. ¿Cuál de estos contratos será el bueno?

Todavía falta un contrato de los primeros de enero, en un intento por demostrar lo indemostrable, que habían contratado a Alejandra antes que yo, pero la existencia de los posteriores contratos firmados, uno en mayo y otro en diciembre del mismo año, prueban la falta de validez de estos contratos.

Todo hubiera funcionado bien si como es habitual en este negocio, hubiéramos resuelto con una cesión compensada de manera profesional. Así de simple era la cosa, pero no, si no lo hacían de manera ilegal, seguramente perderían su personalidad. Por eso los melodyosos acabaron cerrando las puertas, cuando tenían todo para haber sido una grande. Sólo un profesional como Guillermo Santiso, con su natural visión de disquero, salió corriendo y desde un principio se estableció en donde estaba el futuro de las grandes ventas sin mezclarse con tanto mediocre iluminado a miles de kilómetros del centro de "inteligencia", el CI. Los acontecimientos se sucedieron con auténtica rapidez. Con su poderío habitual habían preparado una presentación apoteósica en el programa *Siempre es lo mismo*. Como es lógico, me acerqué al plató para dar a Alejandra la cobertura necesaria, pues en definitiva lo que se iba a exhibir era, de arriba abajo, una creación mía. No saben la sorpresa que me llevé cuando encontré a Luis de Llano (siempre topo con los mismos) dirigiendo la escenografía y pavoneándose como el descubridor de Alejandra. Ya sólo me dio risa. No podía creer lo que veían mis ojos. La fábula se repetía. A un panal de rica miel, diez mil moscas acudieron. ¿Cómo se puede tener tan poca vergüenza y dignidad?

Alejandra estaba radiante con la banda que la acompañaba, las luces del plató y todo el mundo adulándola; me sentí muy feliz por ella, era el principio de su sueño. Nunca olvidaré cómo impactó la canción *Bye Mamá*. Doña Silvia, como gran actriz, sin pestañear se tragó la crítica que la canción hacía de ella. Unas lágrimas más para tan excelente actriz no eran difíciles de derramar. Creo que Silvia tardó mucho tiempo en perdonarme la canción. Señora: no era yo quien tenía ese póster de papel pegado en la pared.

Las ventas se dispararon y Alejandra se convirtió en un fenómeno socio-musical que arrasó. Era distinta. Tan distinta, que firmaba contratos teniendo otros en vigor. ¿Qué había firmado la entonces ingenua Ale? Un contrato con Melody por cinco años, con un porcentaje sobre las ventas absolutamente escandaloso; y lo que es todavía más vergonzoso, un contrato de *Management* y *Merchandising* del que se quedaban los de siempre de Melody con el sesenta por ciento de los ingresos de Alejandra. En toda mi carrera profesional, jamás vi algo tan leonino. Es completamente ilegal hacer estos contratos, podrían haber sido invalidados por abusivos.

¿Por qué entonces no saltó el pistolero borracho? ¿Tendría miedo de que lo dejaran de contratar en las salas para borrachitos propiedad de la empresa?

Desde ese momento se empezó a fraguar otra conspiración en mi contra, esta vez capitaneada por Burrí. Desde ese momento empezaron a cortar la hierba bajo mis pies. Habían hecho demasiadas promesas que no estaban dispuestos a cumplir, y los celos eran cada vez más evidentes. Jamás supe lo que pretendía Alejandro Quintero. Mucho adularme, pero poco cumplir con las promesas realizadas en las interminables comidas donde el halago era abrumador. Gracias por llevarme a tan privados comedores de Televisa donde realmente se comía de cine. Ya decía mi madre: "De esta vida sacarás tripa llena y nada más". Aunque mis hijos necesitaban algo más que papá se atiborrara de suculentas viandas.

Como era de esperar, dado el éxito atronador de Ale, Raúl Velasco se apresuró a colocar, por decirlo de una manera suave, a su hijo como representante de Alejandra. No podían permitir que se desperdiciara ni un solo peso de lo que se preveía como el negocio de la década.

Sin ninguna duda, la pobre Alejandra fue un negocio redondo para tres o cuatro individuos. Pero la mayor culpable, y me duele decirlo, fue la misma Alejandra, que se ha dejado engañar con gusto, y nunca estuvo vigilante hacia sus intereses. Quien no la paga a la entrada la paga a la salida.

Poco tardó Alejandra en acudir llorando conmigo, pues Raúl Velasco junior, según me contó, hacía las cuentas del gran capitán. No sé realmente qué pasaría, pero la verdad era que Ale no tenía un peso.

El caso es que posteriormente pasó a manos de una íntima amiga de la familia, Silvia Cantarell, quien manejó las contrataciones de Alejandra unos años, quizás los más productivos. Pero para variar, dado el cariño que Alejandra y yo siempre nos profesamos y al final de cualquier problema, siempre acudía a mí en busca de cobijo, consejo y protección, hizo que despertaran los celos de la Cantarell y el temor de que yo pudiera aconsejar a Ale de prescindir de sus manejos. Y nunca mejor dicho.

Para el clan Cantarell, gran consumidor de sedas y especias, tenían en Alejandra la subvención asegurada. Todos sabemos lo que cuestan tales especias, destinadas para cuatro o cinco expertos consumidores cotidianos. Por esa razón, era muy conveniente mantener a Alejandra lejos de mí, y lo que es peor, en condiciones deplorables. Alejandra estuvo inconsciente de todo durante mucho tiempo.

Cuando Ale vino a Madrid para grabar su cuarto LP, una vez más su llanto duró días. Se sentía atrapada y utilizada, y lo que es tan grave como lo primero, otra vez sin un peso y con una deuda millonaria al fisco. La enfermera Cantarell le dijo a Alejandra que yo pretendía chantajearla con el contrato que un día firmó conmigo. Por eso Ale había dudado de mí en la distancia. Pero los ojos no mienten. Cuando nos miramos, en aquella ocasión, se disiparon todas las dudas, por la cantidad de basura que le habían metido en la cabeza en condiciones mentales poco saludables. Mi reacción no pudo ser otra más que la que me caracteriza desde la cuna, pese a malas lenguas. Busqué en mi archivo el famoso contrato que suscribió conmigo y lo rompí en pedazos delante de ella, y con un fuerte abrazo se lo entregué a mi querida Gus-Gus. Nunca he sacado partido ni ventaja de ninguna situación. Mucho menos de una amiga, como lo era Ale en esos momentos para mí. Sin embargo, no necesité aconsejarla sobre lo que debería hacer al respecto, la realidad fue suficiente. Ella no tenía dinero ni para pagar los impuestos, y la Cantarell se compraba un departamento de lujo en Miami. Injusto ¿no? ¿En dónde estaba el pistolero coco loco? ¿Por qué no intervino a favor de su hija?

En uno de mis viajes a México, Ale vino a buscarme al aeropuerto, con una pierna escayolada y un globito que decía: *I Love You*. Casi sin mediar palabra, se me abrazó como de costumbre, y después de derramar los ríos de lágrimas de siempre, me dijo que necesitaba alguien que la manejara, pues había mandado a la Cantarell a cantar y estaba sola una vez más. Esa época fue como una película de terror. Los personajes cada vez eran más siniestros, no había un atisbo de honradez en casi nadie del *show business*. Con franqueza yo lo estaba pasando mal al ver que la mejor se estaba derrumbando.

No puedo incluir en este escrito todas las llamadas de socorro que me hacía Ale. Muchas personas me han preguntado por qué continué ayudándola, si muy bien sabía que no era alguien en quien se pudiera confiar. La respuesta es muy sencilla: la ayuda esporádica que ella recibía de su familia era muy poca y siempre acompañada de esa precariedad que les caracteriza; mucho menos contaba con el apoyo de las personas que la manejaron, y quienes iban a lo que iban, convirtiendo a Alejandra en un ser abandonado e infeliz, quien a la fecha es incapaz de encontrar la estabilidad emocional necesaria para disfrutar de un hogar como cualquier mortal.

No siempre son perfectas las relaciones y quizás tampoco duraderas, pero no tener a nadie y verla vagar eternamente llenando su vida de las sensaciones menos recomendables, aclaran de un plumazo su infinita soledad. De *Eternamente bella bella* a refugiarse constantemente en el patético *Me vale madre* como respuesta a cualquier pregunta. Pese a todo, me apena verla con ese rictus de amargura en el rostro, esforzándose por ofrecer una sonrisa agarrotada por Dios sabe qué, y ni las cirugías continuas logran disimular, pues el alma no se opera. Llamadas constantes desesperadas y faxes con el "llama por favor", me impedían negarle ayuda.

Al fin y al cabo ella era mi artista. "Mi artista", qué mal suena ahora o qué antiguo. Antes los que creaban a un artista lo cuidaban como si de un hijo se tratara. Seguramente sonará hasta cursi, pero ése era mi sentimiento y mi sentido de la responsabilidad y la LEALTAD.

Sin lugar a dudas, lo que voy a relatar ha sido uno de los errores más grandes de mi vida, y también una de las mayores decepciones a nivel humano, y su nombre es Fernandito Iriarte.

A este chico lo conocí un día en el Restaurante Corinto de Madrid, comiéndose unas docenas de ostras, por supuesto a costa del bolsillo de Yuri, quien me lo presentó como su futuro esposo y, claro está, su manager. ¿Quién duda hoy de la habilidad del Fernandito Iriarte para vivir a costa de alguna incauta? Creo que nadie (si bien dicen que de raza le viene al galgo).

Para ese entonces, nada me hizo pensar que alguien pudiera ser tan listo en beneficio propio, sin importarle a quién perjudicaba. Vivir sin trabajar o con el mínimo esfuerzo requiere de una buena escuela; son cosas que también suelen heredarse. Durante el tiempo de nuestra relación con otra de mis hijas artísticas, "la jarochita" fue bastante paternal por mi parte. La juventud de Fernando y Yuri hacía que mis consejos profesionales en la carrera de Yuri, dada la entrañable y larga relación entre nosotros, formasen la base de su funcionamiento artístico. Enseñé todo lo que pude a Fernando, así como a relacionarse con el medio, contactos con las disqueras, etcétera.

No había ningún contrato que yo no supervisara por voluntad de Yuri y con total aceptación de Fernando, mientras él se acostumbraba al lenguaje discográfico. También para los espectáculos que montaban, mi opinión y asesoramiento eran fundamentales para ellos. Sobre todo, recuerdo la primera temporada de Yuri en *El Patio*, que debutaron un día antes de mi llegada al D.F. Fue tal el desastre, que me tuve que quedar toda la noche y el día siguiente rehaciendo el show. Sin que parezca pretencioso, pero la experiencia a veces es determinante. Uno de los errores que fue motivo de fracaso del show era básico. En cualquier espectáculo, las secuencias y los tiempos entre tema y tema son fundamentales, por ello no tuve más remedio que darle la vuelta completa al espectáculo. Yo le pedí a Yuri que se marchara a casa a descansar, pues yo podía cantar las canciones en los ensayos sin necesidad de que ella estuviese. Casi nos llegó la hora de abrir la sala y nadie del equipo había descansado. El caso es que una vez rehecho el show, se convirtió en el éxito más clamoroso de mi murcielaguito en el Distrito Federal.

De ahí nació una profunda amistad entre Fernando y yo. Tanto, que para mí Fernando era como un hermano pequeño. Los años (no muchos) pasaron y en el momento en que Yuri y Fernando se compraron su casa en el Desierto de los Leones, tuvieron un problema económico y nadie les ayudó. Si no pagaban cuarenta mil dólares de esa época, perdían la casa. El único que dio la cara por ellos y les facilitó el dinero, fui yo. En concreto, les presté treinta mil dólares por un lado, más otros ocho mil dólares que le di a Fernando a cambio de un coche "Fiero" rojo, ya que no les alcanzaba con los treinta mil. Siempre intenté ayudar en lo que pude y con mi "güerita" no iba a ser menos. Después lo difícil fue recuperar el dinero prestado, pues entró en juego "papá Iriarte". Tras muchas promesas de pagar lo adeudado (quiero dejar claro que jamás los presioné), el pago se dilató intemporalmente.

Recuerdo una vez que se comprometieron a verme en el Hotel María Isabel para darme una parte del dinero adeudado. El primer día se les hizo tarde. Otro día, apareció el papá compungido, porque por el camino lo habían asaltado y robado el dinero que traía para mi, etc., etc. Sería demasiado largo y penoso recordar tan burdas artimañas de mal pagador. La pobre "güera", mi pobre murcielaguito (ahora creo que es *Catwoman*), ya no sabía qué cara poner cuando me veía. En ese momento fue cuando empecé a dudar de la honradez de Iriarte, aunque los asociados de Fernando chico culpaban al papá de ser muy tramposo y un vividor.

Luego la pareja se separó, aparentemente por diversos problemas personales, pero luego me enteré que el motivo fueron algunas operaciones financieras poco claras de Fernando.

Sí les puedo contar que una noche Yuri se puso a llorar y me dijo que no podía más. Fernando le había hecho gastar un dineral en una escenografía y poco tiempo después se la había hecho vender por cuatro pesos. Pero parece ser que no fueron los cuatro pesos por los que se vendió la escenografía, también hubo un problema con un equipo de iluminación de última generación para la época, que también costaban una fortuna y al parecer algo había pasado con esos equipos. La verdad yo no quise ni entrar ni salir en el asunto, pues hacía ya mucho tiempo que ellos se gestionaban solos. Fernando comenzó a deambular sin demasiada base sólida en la cual sustentarse. Muchos días cenamos juntos y mantuvimos una estrecha amistad.

Recuerdo que en más de una ocasión tuve que prestarle dinero, pues Maxim, su mamá, que me adoraba y me llamaba "Divino" o algo por el estilo, no disponía ni siquiera para las necesidades más perentorias, llámese pago de teléfono o renta de una casa. En esos tiempos, todo eran cariños por parte de Maxim, Fernando y toda la familia.

Tras su ruptura con Yuri, Fernando se había quedado con su compañía sui géneris y toda su estructura, pero sin Yuri, que era su fuente de ingresos. Fernando atravesó momentos muy difíciles en lo económico y lo personal. En esos momentos también conté con mi apoyo económico y moral. En varias ocasiones tuve que prestarle dinero para mantener la oficina.

Fernando me rogó que participara con él en el negocio del *management*, pero eso es algo que nunca me gustó y jamás quise entrar; si bien le prometí que le ayudaría en la tarea de facilitarle artistas para su compañía. De hecho, algunos aporté, y él agradecido hasta juró darme un porcentaje de todo lo que generara la compañía. Jamás me preocupé por dicho porcentaje. Para mí era más importante demostrar amistad en un momento de necesidad. Por otro lado, el dinero que pudiera darme nunca sería para mí un negocio al que dedicarme por entero. Ni era lo mío, yo soy productor de discos. Simplemente me sentía feliz de poderlo ayudar.

Se captaron varios artistas para la compañía, y la verdad es que Fernando era un buen manager: joven, brillante e inteligente (demasiado), y trabajaba bien. Por esa razón, cuando Alejandra Guzmán me pidió que le recomendara a alguien como manager, no dudé en asegurarle que a la única persona experimentada que conocía en México era Fernando. Debo reconocer que en un principio a Ale no le gustó la propuesta. Desafortunadamente yo la convencí de que bajo mi punto de vista era una buena solución.

Para tratar de que no volviera a ocurrir lo mismo que con Velasco, Cantarell y otros, Alejandra me otorgó un amplio poder mediante el cual yo otorgaba a Fernando Iriarte un poder de representación, eso sí, limitando en el manejo del dinero. Una de estas limitaciones consistía en no realizar ningún desembolso en nombre de Alejandra Guzmán sin la firma de Alejandra o mía autorizando las compras o gastos, en escenografía, luces y cosas por el estilo, pues ya llovía sobre mojado. Intenté ver si de ese modo se evitaba que Alejandra dejara de estar sin un peso, como siempre le sucedía. El apoderamiento fue un intento de que al estar mi persona teóricamente al control del gasto, imprimiera un poco de respeto, pero difícil era controlar los contratos de actuación que Fernando o su compañía firmaban.

A los pocos días Alejandra me llamó emocionada y loca de alegría, pues se encontraba súper a gusto con Iriarte. Me sentí más feliz que todas las cosas y, sobre todo, tranquilo de poder regresar a España dejando todo bien organizado, en paz y en armonía. Rogué a Ale que hiciera el esfuerzo de que cada lunes se sentara con su contador y con Fernando, para evitar que se escapara un solo centavo.

Mientras, Fernando no sabía cómo agradecerme todo y me prometió una vez más darme una proporción (50%) de las ganancias de su empresa sui géneris. Yo no le hice mucho caso, pues dicen en mi tierra que, al freír será el reír. Y así fue. Mucho reír y poco freír. Al final de todo, ¡¡¡NADA!! Si hubiera sido el dinero lo que me movía, le hubiera firmado un contrato de sociedad. Pero claro está que ese no fue jamás mi fin.

Transcurrió menos de un año, y Alejandra y Fernando se odiaban a muerte. Me llamó Iriarte a España y me dijo que como los boxeadores, arrojaba la toalla: Alejandra era un desmadre, era inmanejable y ya no iba a hacer nada con ella más que lo ya firmado. Por su lado, Alejandra comenzó a echar pestes de Iriarte y me responsabilizó de todo sus problemas con él. ¿No estaban felices y comiendo perdices menos de un año atrás?

Tuve que cancelar una producción que iba a comenzar y me trasladé a México para ver cómo podía ayudar. Creo que Ale tiene la rara habilidad de destrozar todo lo medianamente lógico que llega a su vida. Y como ella necesitaba a alguien que le organizara los shows, pero más que nada un buen *management*, le recomendé a un amigo italiano que estaba trabajando para la compañía Trident de Italia y tenía mucha experiencia, pues había trabajado en tours con grandes artistas como Claudio Vaglioni, Richard Cocciante y Ramazzotti, y casi todos los artistas más importantes de Italia.

Alejandra, que ya conocía a "Bicho" (que es su nombre profesional) debido a que en su estancia en España habían coincidido en una grabación y se adoraban, se sintió completamente entusiasmada con la idea.

Pude localizar a "Bicho" y lo convencí de que no trabajara en un próximo tour que debía hacer con la prestigiosa cantante Loredana Berté. Le dije que me ayudara a dar cobertura a Alejandra, sabiendo que es un gran profesional. Puedo presumir de tener auténticos amigos, quienes siempre han hecho por mí cosas casi imposibles. Yo sabía que le estaba pidiendo a "Bicho" algo muy difícil, pero aun así el hombre aceptó. Le pagué el boleto de avión desde Italia a México, y nada más llegó lo puse a trabajar con Ale. En la salida del primer show, que si mal no recuerdo fue en Guadalajara, Alejandra regresó diciendo que

"Bicho" era un extranjero pendejo y no lo veía capacitado para responsabilizarse de su gira, pues se necesitaba a alguien que conociera a los palenqueros, y no sé cuánta cosa más.

En definitiva, ni siquiera le dio la oportunidad de intentarlo. Quizás Alejandra tenía razón en ese punto concreto: México es un país muy complicado en el aspecto de lidiar con los palenqueros y se necesita conocer el ambiente. Pero él podía haber sido un buen manager que con un buen *booking agent* podía haber sido el manager personal que ella necesitaba, pues vender fechas de Alejandra Guzmán, las podía vender hasta el tendero de la esquina, pero para tener criterio escénico y un concepto serio de manager, no era fácil superar a mi querido "Bicho". Para no quedar peor de lo que ya había quedado yo con "Bicho", lo invité dos semanas de vacaciones, ya que lo había hecho venir para nada. Boletos, estancia hoteles, etc. Y todo lo pagué de mi bolsillo. Alejandra jamás soltó un peso (ni preguntó). Cómo tuvo la poca vergüenza de permitir que me cargaran con tanta mierda. Tanta deslealtad tiene un precio. La vida ya se lo está cobrando.

Dos meses más tarde, "Bicho" se hacía cargo del tour más importante de Eros Ramazzotti, y años después de todos los tours de Laura Paussini. No debe haber sido tan malo ¿no?

Ante situación tan desastrosa, Ale me pidió que por favor la ayudara, ya que se avecinaba la temporada de cabaret en *El Patio* y, con su embarazo, cada vez se sentía más sola. Además, sin Iriarte cumpliendo las funciones que debería y que eran su obligación, pues había sido él quien había firmado los contratos y quien se llevaba el porcentaje. Con ese desolador panorama, le prometí una vez más que la ayudaría.

Así, durante cuatro meses estuve con ella hasta terminar la temporada en el Auditorio Nacional.

Durante cuatro meses viajé con ella para ayudarla en toda la organización y dirigiendo los preparativos para ese gran reto que era *El Patio*. Todos esos meses me alojé en el Crown Plaza, como siempre lo hacía. Iriarte prometió venir antes de las funciones de *El Patio*, pues le rogué que antes de marcharme para España, cuando acabara todo, era preciso que le liquidara a Alejandra, y dejaran las cuentas claras. Pero, al día de hoy, primero de agosto del 2008, aún no me ha dado la cara.

En todas las ocasiones en que viajé con Alejandra a diversas ciudades de la República Mexicana, siempre pagué mis gastos de alimentos. Incluso fui yo quien invitó las comidas a Alejandra y a los músicos. Ella jamás se preocupó por el dinero que yo gastaba o si necesitaba algo. Incluso, le parecía normal todo lo que sucedía. ¿Quién pagó los más de cuatro meses de estancia en el Crown Plaza? Lo pagué yo. Tampoco se le ocurrió decirme que al menos ella pagaría mis gastos, pues nadie me obligaba a estar tantos meses fuera de mi casa haciendo algo que era por la pasión que le tengo a mi profesión, y en este caso, ayudando precisamente a Alejandra.

Ya podrán imaginarse la cantidad de dinero que representa una estancia tan prolongada. Hagan un cálculo. Bueno, mejor que lo haga el borracho de Enrique Guzmán, quien me vino a reclamar unos cheques presentados por Iriarte, como que me los habían dado a mí, por cuarenta mil dólares. Ya parece que me voy a jugar mi prestigio y echar por la borda toda una vida de éxitos y respeto. Cree el ladrón que todos son de su condición. Ni con cien mil dólares pagarían mi trabajo, sinvergüenzas. Vayan ustedes sumando las cantidades que les presté en todas estas ocasiones, los miles de dólares que gasté dándoles cobertura y ni un peso de regreso, ni una leve insinuación para resarcirme salió de sus bocas. Sobre todo de la de Alejandra.

El maximito (Fernando) sí me dio una vez unos pocos dólares de los muchos que le había prestado, con un cheque de no más de dieciocho mil pesos, más unos *traveler's checks* por doce mil dólares, que según recuerdo, me costó un mundo hacerlos válidos. Eso fue todo.

Cómo se atrevieron, semejante chusma, a difamarme por unos dólares que no sumaban ni el diez por ciento de lo que les había prestado, sin contar mi tiempo, esfuerzo y lealtad personal. Sin duda, Dios castiga sin piedra ni palo, ¿verdad, Ale?

Afortunadamente, la presentación en *El Patio* y el cierre en el Auditorio Nacional fueron de un éxito espectacular. Ale, con su tripita de cuatro meses, se batió como una leona y conquistó a su público una vez más. Tuvimos que realizar presentaciones los domingos por la mañana, pues la demanda de boletos no cesaba y el tiempo físico por su embarazo no daba para prorrogar más actuaciones.

Fue en esas últimas semanas cuando empecé a notar a Alejandra extremadamente agitada, y evitando darme la cara. Entraba con su típica seguridad al camerino y no permitía que yo la viera. Sabía que si me miraba a la cara, la iba a descubrir. Ya había llegado a mis oídos una situación que no era la correcta ni la aconsejable en su estado. Debí marcharme en ese momento, pues todo estaba encarrilado, y no quería ser partícipe de tanta locura, pero mi exceso de responsabilidad me lo impidió.

Durante esos días, Alejandra tenía un buen pleito con su disquera Melody. Un día, estando en mi habitación del Crown Plaza con J.R., vino Alejandra y nos dijo que no deseaba renovar su contrato con Melody; se quería salir de allí al precio que fuera. Hay varios testigos que desde ese momento y en sucesivas ocasiones, yo siempre le aconsejé negociar su contrato con Melody. Y, además, le argumentaba que sería un error enfrentarse a la "Gran Casa", pues una cosa eran los tres o cuatro indocumentados de siempre, que de acuerdo con ella no se sabe por qué estaban allí, y otra, la propia institución. Ella decía que le valía madre, y que se saldría a como diera lugar, y si no le ayudaba, lo haría sola.

¿Qué podía hacer yo? Por un lado estaba mi fidelidad hacia ella y por otro lado el hecho de ayudarla sería utilizado como arma arrojadiza por ese grupúsculo indecente que podría organizar mi boicot definitivo.

Me puse del lado de Alejandra y reivindiqué su derecho a elegir libremente. Tal y como me había imaginado, las ratas de siempre salieron de su escondrijo. Hay un dicho muy famoso que dice: Calumnia que algo queda. Durante un largo periodo se orquestó un plan dirigido naturalmente por Burrí, quien sufrió el ataque místico, el "converso por ambición", y hay que reconocer que su malvado plan hizo mella hasta en los más incrédulos. Lo que puede hacer un montón de miles de dólares en los bolsillos adecuados y acostumbrados al cruzar la frontera bien llenos para depositarlos en sus cuentas personales. Obviamente, para sus talentosas cabezas no hay cabida para sentimientos tales como la lealtad, la honradez, la amistad, el cariño y la rectitud.

Seguramente pensaron que me acobardaría y dejaría a Alejandra sola en manos de los tiburones, especialmente del más necesitado: su padre, quien no paraba de asediarla, pues quería hacer una gira con ella. Alejandra bramaba: "Este cabrón quiere que cantemos con su banda de acabados y con esa mierda de equipo que no suena ni en las salas de mala muerte donde él actúa. Que se vaya al carajo". Sin duda él pensaría que era yo quien se oponía. Era obvio que el hombre quisiera una oportunidad, como El Platanito.

Creo, sin duda alguna, que calcularon mal. Yo estaba acostumbrado a trabajos muy duros. Desde los ocho años de edad, cuando tenía que levantarme para llenar las botellas de lejía a las cuatro de la mañana, en esas frías y húmedas mañanas valencianas y con las manos enrojecidas debido al frío, envueltas con tela de saco para evitar que se me congelaran, ya tenía enormes ratas merodeando por mis pies. Por lo cual, este otro tipo de ratas ya no me asustaban; si bien, la verdad sea dicha, en ese entonces, en la soledad de la fábrica de lejía, tenía un perro mezcla de fox terrier con algo más, que me protegía y era un maestro en deslomar ratas. En México no hubo quien se atreviera a alzar la voz en mi defensa contra el clan. Yo creo que hay demasiada gente inconforme, pero prefiere callar. Conozco a alguien que va a escribir un libro, pero sólo se publicará después de su muerte. Imaginen lo que sabrá para preferir publicarlo post mórtem.

Alejandra le comentó a Alejandro Quintero la no renovación de su contrato con Melody. La contrapropuesta de Melody (no sé si entendiéndose la compañía o sólo Quintero) fue renovar por cuatro años más. A cambio le ofrecían (u ofrecía) la irrisoria cantidad de cuatrocientos mil dólares, cuando sabían perfectamente que EMI-Capitol o Polygram ofrecían dos millones de dólares por el mismo periodo y con una regalía de artista, no de sirvienta. Lo más indignante era que Melody había vendido más de seis millones de discos de Alejandra, lo que puede suponer una facturación aproximada de más de cuarenta millones de dólares. Además hay que tener en cuenta, para mayor escarnio, los millones facturados con ese leonino contrato (del sesenta por ciento) que firmó con el místico por las ventas de sus shows, y además todo lo que Alejandra facturó con el *merchandising*. De esa forma, también percibían ingresos por su participación en anuncios comerciales o cualquier otra promoción que Alejandra realizaba.

Resultaba vergonzosa la explotación sin escrúpulos que Quintero y sus mariachis (ese famoso grupito del que ya mucho he hablado) realizaban con los artistas. ¿Adónde fueron a parar tantos millones? Está claro que Televisa no necesitaba de esos apaños para sobrevivir. Tampoco me explico cómo es que Emilio Azcárraga no se enteró, o lo permitió como pago de lealtades, aunque yo me inclino a pensar que el señor no sabía nada. Me gustaría conocer la verdad, algún día, si bien creo que le importaban un pimiento los acontecimientos y manejos en Melody.

Los ataques fueron más agresivos a lo que yo me parapeté en mi trabajo y no les concedí mayor importancia, pues la suerte estaba echada y no había vuelta de hoja. La maquinaria de los incapaces se había puesto en marcha y utilizaron a todos los esclavos asalariados de los medios para hacerme quedar como el nuevo Hernán Cortés que me estaba robando el oro de la nación, ya que de tú a tú no tenían ni media galleta.

Mientras tanto, la realidad cotidiana se imponía. Alejandra tuvo que realizar un alto en el camino para asumir la responsabilidad de ser madre.

Frida Sofía llegó al mundo. Parecía que un soplo de aire fresco ventilaba tan azarosos meses pasados. Quizás Frida le diera a Ale ese sosiego que tanto necesitaba. Aunque duró muy poco tiempo. Alejandra siempre ha tenido la especial habilidad para que lo fácil se convierta en difícil. Su relación con Pablo Moctezuma, el padre de Frida, no tenía un día de estabilidad. Ella me llamaba desde cualquier país y a cualquier hora de la madrugada. Su gran problema siempre ha sido la soledad. Durante siete años yo fui su paño de lágrimas. Por considerarme un caballero, no relataré intimidades de Ale y Pablo. No sé si merezca este tratamiento respetuoso, pues ni ella ni su saga dan cuartel ni a los que más quieren. Pero Pablo era un chico excelente y merecedor de todo mi respeto.

Como ya relaté anteriormente, toda la letra de las canciones que grabábamos tenía su origen en experiencias o vivencias que yo tenía. En el caso de Alejandra sucedía exactamente lo mismo. Las canciones que Ale interpretaba eran el reflejo de vivencias relatadas por ella, y que a su vez yo transmitía a J.R., y se convertían en historias de amor, pasión o simplemente existenciales, basadas en conversaciones en *petite* comité o como simple espectador de su vida cotidiana, que daba para mucho.

Cuando regresé a México para ayudarla en su nueva gira postparto, Alejandra había firmado la exclusiva de su representación con *show time*, lo cual demuestra que no le comentaba a nadie y menos consultaba la firma de contratos, fuera con quien fuera. Claro que estaba en su derecho, pero si alguien tenía alguna duda de la independencia de Alejandra, que la disipe, y esos comentarios del *Popotitos* de que yo manejaba a su hija, quedan claramente desmentidos ante los hechos. Alejandra utiliza a quien le conviene para lo que le conviene, y si hace falta llorar y hacer un show, pues lo hace y se queda despachada con una carcajada estridente un segundo después.

Ale tenía mucho miedo de volver a enfrentarse con las actuaciones de una nueva gira y volver a tener que cantar en vivo. Temía que tantos meses sin cantar hubieran afectado sus cuerdas vocales. Yo reuní a la banda, cambiando a algunos músicos, y empecé los ensayos sin Alejandra, pues estaba aterrorizada de volver a pararse frente a un micrófono. Monté todo el espectáculo en unos locales de la calle Río Tíber. A los pocos días ya sonaba el grupo como nunca antes lo había hecho. Por supuesto, como siempre para Ale, realicé el trabajo totalmente gratis y sólo por cariño. Ahora, aún más, ya que era el padrino de Frida, y pensé que era como uno más de la familia y mi responsabilidad era mayor. Sin duda fui un idiota una vez más.

Todo este mundillo sabe que mis honorarios por montar un show no bajaban de cuarenta mil dólares. Si no que se lo pregunten a mi queridísima y siempre fantástica amiga y eterna *super star* Lucía Méndez, cuando le dirigí el montaje de *Noches de Cabaret*.

En ese tiempo en que preparábamos la gira, Ale me informó que definitivamente Iriarte no le había dado la cara y aún no se habían cerrado las cuentas pendientes.

Después de tanto tiempo y sintiéndome responsable por haber recomendado a semejante "habilidoso incontable", le prometí a Ale que intentaría solucionar el problema. Contraté por mi cuenta y a mi cargo personal los servicios de uno de los más prestigiosos bufetes del país.

En una reunión con el responsable de la contratación de la gira, y revisando un listado de los shows que Alejandra había realizado con Iriarte, pero que quien actuó de agencia de contratación era esa persona, de quien tengo su letra estampada en el listado de palenques, y que me hizo observar que los gastos presentados por Iriarte a mis abogados eran completamente desorbitados. También comenzó a advertir que aparentemente se había pagado por cada show treinta millones de pesos más de lo que declaraba Iriarte en las cuentas. Lo mismo que le contó al *Popotitos,* que según decían los periódicos, casi le cuesta ir a prisión por no atenerse a la legalidad. En esa ocasión, con el Maxi-Mito, el Popo encontró un hueso duro de roer que sí tenía defensores.

De ello advertí a mis abogados, o mejor dicho a los de Alejandra, pagados de mi bolsillo. De las anomalías detectadas sobre esas desviaciones, ellos necesitaban de cuanta información pudiera ser posible. No obstante, esta persona me explicó que supuestamente treinta millones de pesos se los habrían entregado en efectivo y sin recibo, según prácticas habituales de los palenqueros. Por tanto, no dispondríamos de prueba legal para poder procesar a Iriarte por estafa. Le comuniqué a Alejandra cuál era la visión de los abogados y que no había manera legal de recuperar ese millón de dólares que sin pruebas escritas ni fehacientes, Fernando Iriarte se había embolsado.

Si así fue o no, lo cierto es que me contaron que Fernando se estaba construyendo una magnífica casa en el camino a Cuernavaca ¿Podría ser que invirtiera sus ahorros en esa casa, donde según dicen se iba a vivir con la nueva incauta? Veremos lo que le saca a ella, o a estas alturas lo que le sacó.

Como era preceptivo el intentar aclarar los asuntos de Alejandra, por honradez y vergüenza torera, me volví a enfrentar a otro grupo de presión. Lo mío parecía querencia al sadomaso-quismo.

Maxim, que tanto me adoraba y me decía "mi cariño", a quien yo había sacado de más de un apuro cuando su amante Pepe no le entregaba su mesada (hay testigos), desde ese momento comenzó a vomitar toda una serie de descalificaciones sobre mi persona. Naturalmente, la única finalidad era desviar la atención sobre su vástago, responsable, sin duda, de la última flagelación a la estabilidad de Alejandra Guzmán. De nada sirvió en esos momentos el recuerdo de tantos favores recibidos por mi parte a esa pandilla de vividores "profesionales".

En esos días en que le comuniqué a Ale la decisión de los abogados sobre la imposibilidad de intervenir jurídicamente debido a la carencia de pruebas, casi, o más bien sin el casi, pensó y me dijo que yo estaba encubriendo a Iriarte. Realmente aquello fue de locos. Como diría el refrán: Pagué la cama, por pendejo. Me dijo de muy mala manera que su papá se encargaría de ajustarle las cuentas a Iriarte. No le valieron los argumentos de la carencia legal para poder incriminarlo. Me contaron que Pablo Moctezuma intentó hacer entrar en razón a Iriarte a la salida del gimnasio, y éste lo denunció por agresión.

La campaña de Maxim fue terrible. Y la gigantesca cuenta de un sinfín de millones de pesos que el *Popotitos,* con amigos poderosos, iba a hacer pagar a Iriarte, desembocó en un pacto de no agresión Maxim-Guzmán, y que lo mejor sería joder al inocente, es decir, a mí. Y así todos contentos.

La cosa se les había ido de las manos en descalificaciones y desafíos. Ellos sí podían defenderse entre ellos. Pero yo, al tener que salir protegido por la autoridad y amenazado de muerte, no tenía demasiada oportunidad para defenderme a seis mil kilómetros de distancia. Así, con el abuso del poder corrupto, se pudo atacar sin piedad a alguien que durante muchos años dio trabajo, orgullo y éxito internacional a un sinfín de empleados y trabajadores, además de los muchos artistas que al sol de hoy continúan paseando con orgullo el pabellón mexicano.

Puedo probar, además, que fui personalmente a la Procuraduría General de la República y en conversación con el Subprocurador le expuse los hechos, por si había alguna manera de hacer pagar a Iriarte su incalificable y deplorable acción. Pero no conseguí nada. ¿Sin evidencias? El Maximito, o como dirían los romanos, *mitus maximus,* se había salido con la suya. Se había llenado los bolsillos, y para zafarse de sus responsabilidades, había intentado incriminar a la persona a quien debía todo, pues por sí solo no pasaba de ser lo que es, heredero del buen vivir sin doblar el lomo. No se aprende de la noche a la mañana a vivir a costa de los demás, eso también se hereda.

En ese tiempo, el *Popotitos* había emprendido acción legal contra Fernando Iriarte. Fui llamado a la Procuraduría a testificar ante una juez sobre los hechos. Juez, que tal y como se transcribía el sumario, pasaba una copia a su amigo Guzmán para que estuviese bien informado. Esa acción está tipificada en el Código Penal como prevaricación y es constitutivo de delito. Una fotocopia de ese sumario me enseñó el *Popotitos*. En ella se reflejaba un pago de cuarenta mil dólares a Miguel Blasco en cuatro cheques. Esos documentos no estaban fotocopiados por la parte posterior, donde supuestamente debería estar estampada mi firma, si es que yo los había cobrado. Chusmancito me dijo que no me preocupara, pues era una forma muy habitual de intentar inculpar a alguien, y ese truco ya se lo sabía. Lo que es claro, y de ello no tenía ninguna duda, es que en efecto yo jamás había visto esos cheques. Es más, puedo agregar que en diez años no he cobrado un solo cheque en México en ningún banco. Es comprobable. Lo extraño es que sabiendo que todo era falso, a Enrique Guzmán le diera ese repentino ataque de paternidad responsable, cuando él reconoció en una entrevista televisiva que nunca fue un buen padre. ¿Qué intereses adicionales provocaron aquel ataque a la persona a quien su hija debía todo según sus palabras?

Los progresos a los que se refiere esta carta son los que por mi iniciativa, y con el afán de dejar las cosas claras, había realizado con la ayuda inestimable de la licenciada Ivonne Sáenz Padilla, a quien debería dedicar un espacio especial en este libro, por su cariño, lealtad y profesionalismo. Así como al Bufete Sepúlveda, que tan buena y sensata cobertura me dio en este desafortunado asunto. ¡Gracias mil! Siempre estaré en deuda con ustedes. Por cierto: ¿les pagó Alejandra esos poquitos dólares que estaban pendientes? Creo que les he preguntado algo estúpido, disculpen.

Como en esos momentos yo estaba negociando la contratación de Ale con tres importantes compañías que le ofrecían dos millones de dólares por el contrato, todo eran palabras de ánimo y agradecimiento por parte del *Popotitos*.

Un buen día, vino Alejandra y me comunicó que había hablado con el Güero Burillo Azcárraga, y que nos esperaba en su despacho para hablar de su situación referente a Televisa.

Alejandro Burillo, para mí un caballero donde los haya, nos recibió en su despacho de Televisa, y Alejandra le expuso su deseo de terminar su relación de trabajo con Melody. Burillo fue, como tiene costumbre, de lo más amable y comprensivo. Le dijo a Alejandra que su preocupación era la televisión, y que ella siempre tendría en Televisa su casa, estuviera en la disquera que estuviera. Como ven, todo un señor. Por lo que si Alejandra deseaba cambiar de disquera, era libre de hacer lo que mejor considerase para sus intereses. Más contentos que nada, salimos de esa reunión, y sin tardar concertamos una entrevista con Alejandro Quintero.

Fuimos a las oficinas de Radiópolis y nuestra llegada a la compañía fue contemplada con verdadera expectación. Parecíamos Marco Antonio y Cleopatra entrando en el foro. Alejandro Quintero, con un tono paternalista y abrazándonos como al hijo pródigo, nos hizo pasar a una sala para poder charlar tranquilos. Comenzó a prometer las grandezas de futuro inimaginables. También a mí me ofreció lo que quisiera (¿otra vez, Alejandro?) ¡Qué cara tan dura! Tras media hora de sonrisas quinterianas y de beneplácitos, Alejandra habló con esa sinceridad que le caracteriza, cuando le conviene, y dijo: "Gracias por tus ofrecimientos, Alejandro, pero me voy de la compañía (aunque el verdadero significado de la expresión de Ale fue: "chinga tu madre"). La sonrisa desapareció del paternal rostro de Alejandro, y con una mueca que intentaba ser sonrisa, nos dijo que era imposible, y que a partir de ese momento nos tendríamos que atener a la letra pequeña del contrato, y dio por terminada la reunión. ¿Qué podía hacer yo? Al menos ahora estaba seguro que nunca más le ofrecerían el oro, incienso y mirra que acostumbraban. Ya estábamos todos posicionados.

El final se estaba acercando y había llegado la hora de la verdad. Primero negociamos con Capitol, pues fue la primera compañía en ofertar, pero a las pocas semanas nos comunicaron que se echaban para atrás, debido a que habían recibido severas presiones de los integrantes del "clan" y estaban un poco acobardados por las amenazas. Siendo realistas, es fácil darse cuenta que en ese entonces, la "Gran Casa" era la única capaz de boicotear a cualquier multinacional, por el inmenso poder que esta tenía. Tan sólo había que ver las filas de anunciantes que se formaban en las oficinas de contratación publicitaria de esa cadena de televisión. No existía competencia, y yo vi a importantes anunciantes pelearse por lo espacios donde exhibir sus productos.

Como podrán observar ni el *Popotitos* tenía razón, y los periodistas estaban faltando a la verdad, pues la verdad está escrita y firmada. No era ningún truco ni engaño mío, sino la maledicencia de periodistas de cierta clase, tan vinculados a ese poder que ha ido estrangulando a México faltando a la verdad con tal de favorecer a amiguetes de baja catadura moral.

Si tuviera que incluir en este escrito todas las pruebas que pueden contrarrestar las mentiras e infamias vertidas sobre mi persona, necesitaría otro libro el doble de extenso para documentarlas. Quizás algún día exista un programa donde se pueda hablar de la verdad sin miedo a las represalias, simplemente para defender el honor que fue mancillado sin razón y que a un país con sus autoridades debería avergonzar. Episodios como éste no benefician a la grandeza de gente que continúa dejando su pellejo por defender la bandera del águila y la serpiente que llevan en el corazón.

Después de la negativa de Capitol fuimos a Polygram, que también ofrecía firmar con los dos millones de dólares y estaba dispuesta a luchar legalmente. Sin embargo, también fueron víctimas del "clan", y la presión hizo acobardarse a sus ejecutivos. Una vez más las puertas se cerraban. Todos tenían miedo a las amenazas del "clan", pues había apretado bien las clavijas; pero he de decir que la fe en nuestra razón y en el derecho de ser libre para elegir con quién quieres estar una vez que se cumplían los compromisos, nos hacía seguir adelante.

Nunca olvidaré una escena en Televisa San Ángel, cuando "El falso predicador" me amenazó con echarme del país para nunca más regresar, y que de eso se encargarían ellos. Supongo que ese personaje sólo llevaba el marcapasos puesto, porque corazón, lo que se dice corazón, no creo que le hubiese funcionado nunca. Esto demuestra que era un plan orquestado desde las líneas medias pero poderosas de Televisa.

El tiempo pasaba muy de prisa, y cada vez se acercaba más la hora de resolver el asunto con Melody. Arreciaban las críticas de todas partes. Algo en mi interior me decía que por mi salud me convenía convencer a la chaparra para que cuanto antes renovara el contrato con Melody. Pero nadie hace nada si no quiere, y mucho menos Alejandra Guzmán.

Un par de días antes de mi partida de México, Enrique Guzmán me envió a una tal Alejandra (no recuerdo su apellido), quien era su nuevo manager, para que me convenciera de que la compañía que le convenía a Alejandra, su hija, era BMG. No entendí por qué me enviaba a una tercera persona para convencerme, cuando siendo el padre de la cantante, supuestamente se lo podía decir directamente. Son cosas que nunca comprenderé. Emisarios, señales de humo, qué sé yo. Yo creo que el *Popotitos* lo tenía muy claro. Estaba jugando a dos cartas. Una era quedar bien con sus patrones, los cuales le permitían continuar sus esperpénticas actuaciones para borrachitos en sus locales, y otra su amistad con Ramón Segura, Presidente de BMG, con quien tenía algo apalabrado.

La noche anterior a mi partida fui a cenar a casa del Presidente de Polygram. Durante la cena me comunicó su deseo de salirse de la puja por Alejandra Guzmán. Yo estaba regresando a España y él se quedaba con un paquete demasiado complejo con el que lidiaría solo. Pensó que la contratación de la artista podía traer más problemas que beneficios; ya estaba estrenando el puesto de presidente y prefería vivir tranquilo. Como yo me marchaba al día siguiente, llamé a Enrique Guzmán desde la casa de Enrique Gómez Piñeiro, quien era un amigo personal, y le conté la situación. Le dije que nos habíamos quedado sin la posibilidad de firmar con Polygram, por lo que le sugerí hacerse cargo del tema de su hija, ya que aparte de mi regreso a España, también empezaba a estar un poco harto y cansado de la historia. Yo prefería estar en paz con mi familia y con mis amigos, que continuar algo que ya tomaba un cariz fuera de lo profesional, lo que dejaba de ser atractivo para una persona como yo, tan lejana a las mafias. Necesitaba oxigenar mi corazón y llenar mi tiempo con el cariño de mi gente.

Esa misma noche, cuando me encontraba descansando en un hotel de la zona sur de la Ciudad de México, alrededor de las cuatro y media de la madrugada, alguien aporreó la puerta de mi habitación. Miré el reloj y me extrañó que a esas horas tan intempestivas, alguien viniera a verme. En un primer momento pensé que sería algún huésped desorientado tocando en la habitación equivocada. Todavía medio dormido, abrí la puerta, y para mayor sorpresa, me encontré al *Popotitos,* versión John

Waine, con revolver y todo, apoyado en el quicio de la puerta y rodeado por dos enormes tipos. Acto seguido me conminó a que me vistiera y lo acompañara a la Procuraduría, pues abajo estaban los uniformados para detenerme.

Yo le pregunté que qué coño hacía allí a esas horas y qué significaba eso de la detención, si tenía algún problema lo invitaba a pasar a mi habitación, y él y yo solitos podríamos hablar de lo que fuera.

No podía creer lo que estaba ocurriendo, y mucho menos después de la conversación telefónica que había sostenido con él unas horas antes, en la cual me había asegurado que él se encargaba del asunto del contrato de su hija.

Naturalmente, yo me rehusé salir, y le dije que por la mañana, con luz y taquígrafos, podríamos arreglar cualquier cosa, y le reiteré que si algo tenía que hablar conmigo, lo podíamos tratar solos. Pero él es de los tipos que nunca va solo a ningún lado.

Llegaron las personas de seguridad del hotel y me pidieron que cerrara la puerta y que estuviera tranquilo. El *Popotitos* pistolas fue invitado a descender al lobby junto con sus acompañantes, y después de unos minutos me llamó por teléfono desde la recepción del hotel y empezó a gritarme pidiendo la devolución del dinero que le había robado a su hija, según él cuarenta mil dólares (aquellos cheques falsos que precisamente me había dicho que ya conocía el viejo truco).

Definitivamente, ya no entendía nada de nada. Y, por si fuera poco, el *Popotitos* apestaba a alcohol y tenía restos polvorientos en las aletas de su nariz. Este tipo estaba loco de remate.

Preocupado por la situación, llamé a uno de mis numerosos amigos, Jaime Sánchez Rosaldo, quien vivía a unos cuantos metros de distancia del hotel en donde me encontraba hospedado, y le conté la película de lo que estaba pasando.

Cuando Jaime llegó al hotel, me sugirió saltar por una ventana y escaparme, pues según me decía, afuera del edificio había seis patrullas de la policía y dos autos sin placas de los que acostumbraban usar los judiciales. Me asomé por la ventana y vi un mundo de torretas encendidas.

Según se mofaba el *Popotitos* en la prensa del siguiente día, él y treinta policías, más los guaruras que lo acompañaban, valientemente habían ido a mi hotel para hacer justicia. Seguramente este tipejo pensaba que estaba en los tiempos de Don Emiliano Zapata (primero *ajusilen* y luego *verigüen*). En mi caso, si alguien le hiciera daño a mi hija, tal como él me acusaba, no me haría falta tamaño ejército, yo solito buscaría al personaje en cuestión y arreglaría cuentas de hombre a hombre. Pero eso sería pedir demasiado para semejante mentecato.

Le comenté a Jaime que no me parecía correcto salir huyendo, sobre todo porque no tenía razón para hacerlo, pues no era culpable de lo que me acusaban. Le dije que permanecería en el cuarto y que ya veríamos cómo se resolvía el asunto.

Solicité a Jaime apoyo para llamar a toda la gente que pudiera, y yo hice lo mismo. Entre otras personas, llamé a mi amigo Enrique Gómez Piñeiro (presidente de Polygram), que se presentó acompañado con su abogado personal. También llame a Paulina Rubio y a su mamá, mi querida amiga Susana Dosamantes.

Por su parte, Jaime llamó a un montón de amigos, entre ellos a César Costa, que le contestó: "Oye, ¿no es muy temprano?". (Gracias, querido amigo, tenías razón, era muy temprano. Si la intención era madrugarme... sí era muy temprano. También tenías razón cuando tiempo atrás me advertiste que este perro era un auténtico hijo de su madre. Y aunque en poco más de una hora, mi cuarto parecía el de un candidato presidencial en campaña, como en las películas americanas, te extrañé, mi querido César.)

Artistas, abogados, presidentes de empresas transnacionales, policías (pero de los buenos), en fin, un montón de personas decentes evitaron que este "gachupín" hubiera aparecido tirado en Tula, como era habitual en este tipo de operaciones.

Ahora, a toro pasado, algunas personas me preguntan sorprendidas si no tuve miedo. La verdad, en ese momento no mucho, pero al pasar las horas sí que me preocupé, y bastante.

Afortunadamente, con todas las personas que empezaron a llegar, se organizó la salida del hotel al aeropuerto. Mientras mis amigos llegaban, el energúmeno en cuestión me volvió a llamar por teléfono, gritando como un poseso (imagino que para que pudiesen oírle bien), diciéndome que le devolviera los cuarenta mil dólares que le adeudaba a su hija.

(Si se lee detenidamente el escrito del *Popotitos* que se anexa en la p. 10 del pliego de fotos, se observa que el tema de los cuarenta mil dólares ya se había contemplado, así como los pocos escrúpulos de quien había traicionado a su hija. Además me ofrece su total apoyo, reconoce lo acertada de mi relación con su hija y que gracias a mi apoyo es que Alejandra había logrado una posición tan importante.)

Yo entiendo que el alcohol y ciertas sustancias causen terribles efectos en las personas, pero ¿a ese nivel? Con razón un día me contó Alejandra que su padre tenía varias muescas en su revólver, el que no se atrevió a desenfundar frente a su yerno en un reciente enfrentamiento.

La llegada de Susana y Paulina fue como un huracán. Paulina me contaba cómo espantó con el bolso a los policías uniformados gritándoles algunas lindezas de esas de la Pau cuando se enoja. Para cualquier mexicano de bien, como Paulina y muchos amigos que acudieron a darme apoyo, ver a su policía secundando peligrosos números de circo sin las preceptivas órdenes de superiores, debió ser bastante vergonzoso. También me extrañó que las autoridades correspondientes no intervinieran de oficio ante algo tan rastrero y de tan poco beneficio para el país. Al menos llamar al orden a los participantes en ese motín callejero y depurar responsabilidades entre los uniformados que secundaron a un sujeto descerebrado, que con acciones de ese tipo fomentaba el deterioro social y la inseguridad que ahora sufre el país.

Como decía, mi salida del hotel fue todo un lujo de cariño y preocupación por parte de las personas que me querían, y quienes no daban crédito de lo que estaba sucediendo. En la explanada del aeropuerto nos recibió el general al mando, quien me acompañó junto con sus agentes hasta el asiento del avión que me llevaría de regreso a España. A mí me pareció un poco exagerado todo aquello, pero el general se empeñó en acompañarme diciéndome que ya estaba hasta la madre del Enriquito, quien con su placa de coronel honorario del cuerpo de policía, al parecer un regalo de un funcionario al que apodaban "El Moreno" o algo por el estilo, se dedicaba a hacer lo que le daba la gana.

En ese momento acabó mi periplo mexicano. Siempre me embarga una profunda tristeza al pensar que después de tres lustros de trabajo e innumerables éxitos, un grupito de mediocres asalariados y soldados sin bandera, me sacara por la puerta de atrás y sin derecho a réplica.

Aprovecho para agradecer a todas las personas que en esa terrible noche me acompañaron y que posteriormente tuvieron que sufrir las críticas públicas de ese tarado.

Al día siguiente, mi mujer me despierta y me dice que Alejandra está al otro lado del teléfono. Realmente no tenía muchas ganas de hablar con ella, pues después de lo sucedido no quería saber nada de nadie. Mi ánimo no era el mejor para escuchar una vez más los llantos de Alejandra. Después de que mi mujer me convenció de hablar con ella, lo que escuché fue un torrente de gritos: "¡¡Estás vivoooo!! Anteayer el cabrón de mi papá me dijo que estabas muerto en los separos. No lo pude soportar y me tomé unas pastillas que me tuvieron perdida dos días. De haber sabido lo que estaba sucediendo, cómo crees cabrón: hubiera estado a tu lado".

Entonces se suponía que yo estaba muerto en los separos desde hacía dos días, según me lloriqueaba Alejandra al teléfono. Y, por otro lado, el *Popotitos* proclamaba que esa misma noche del intento frustrado, ella le pedía de manera muy "guzmana", que no me matara esa noche, sino hasta después de terminar de grabar su disco.

¿No da cierta repugnancia ver los cuerpos enfermos de estas personas arrastrándose por algún escenario? ¿Cómo es posible que el público conocedor de sus desmanes continúe asistiendo a sus esperpénticos espectáculos? Se trata de personas que matan o matarían sin ningún pudor, o por lo menos así lo pregonan públicamente, poniendo fecha al asesinato. Ya sé que Alejandra es hija de una gran actriz, pero cómo puede ser tan falsa e hipócrita para fingir estar consternada con lo que me estaba sucediendo, y además dar gracias a Dios de que yo seguía vivo. Es ella quien debería agradecer a Dios por permitirle que la ciencia la salvara de ese terrible padecimiento, que no se le desea a nadie, y avergonzarse de que al poco tiempo esté revolcándose de nuevo en los vicios, al parecer insuperables para ese clan, y pretender que el público la vea como una pobre superviviente, y encima la aplaudan. Que aplaudan su talento, pues es lo único real que tiene, pero no lo vergonzoso de salvarse de una enfermedad que pudo haber sido mortal, y seguir en los abusos y vicios, ocupando constantemente las páginas de los medios, pero ahora arrastrando a Frida. ¡Pobres!

No quiero analizar las palabras de Alejandra al teléfono cuando pensó que su papá ya me había matado, y me encontraba muerto en los separos, pero en los periódicos, con todo lujo de detalle, Alejandra le pedía a su papá la noche del supuesto intento de "sabadazo" que no me matara hasta que terminara su disco. En cualquier país democrático, con un estado de derecho de verdad, la fiscalía tendría que haber actuado de oficio y haber detenido por amenaza de muerte e intento de homicidio a estos chusmanes.

"Déjalo terminar mi disco y después lo matas"

¿Qué puedo decir? Ni una voz se alzó en mi defensa. Ya lo dice el dicho, y lo repito una vez más: "entre perros no se muerden".

Ahora puedo leer en la prensa que es del conocimiento público que golpeabas a Silvia Pinal, tu ex mujer, más que a un muñeco de feria, y que pistola en mano amenazaste a todo el mundo *(http://www.univision.com/content/content.*

*jhtml?cid=*1135211*)* ¿Todavía continuas con tu placa de coronel honorífico? Lo más bochornoso es que estés de juez en el *reality show* de *La academia*. ¿Qué le pasa a la gente? ¿Será posible que te consideren un ejemplo a seguir?...

Definitivamente, algo está mal en esta sociedad y nadie hace nada para evitarlo. El *Popotitos* de juez y ejemplo; apaga y vámonos.

No quiero dejar de mencionar al único ser maravilloso que cuidó a Alejandra. Creo que Tere, su nana, fue para Alejandra, a lo largo de toda su vida, la madre que siempre necesitó, pues si alguna vez Alejandra lloró de verdad, que no han sido muchas las ocasiones, fue cuando la pobre Tere descansó para siempre tras ocuparse noche y día de su niña, como ella la llamaba, y posteriormente de Frida. Que no venga la gran actriz a estas alturas a insultar a los periodistas pidiendo que dejen en paz a su hija y a su nieta, según los periódicos, ambas recluidas por sus adicciones.

Alejandra vino a España y con la pasión de siempre grabamos otro disco, imborrable en la memoria del público. El tema *Mala hierba* fue un éxito: "*Dicen que soy un desastre total que soy mala hierba que tras de ti no dejé piedra sobre piedra...*". ¡Qué discazo! Ese disco lo hice solo. Nunca necesité a nadie para realizar una producción, como dice el que canta lo mismo desde el siglo pasado. Alejandra estaba aparentemente muy afectada. Pero a esas alturas hacía ya mucho tiempo que conocía sus afecciones, pues era mi "pedito", como ella misma se definía. Una niña cuando la conocí, en quien volqué todo mi conocimiento, pues de una u otra forma era la proyección del "Adam" que llevo dentro. En ella descargué todo mi saber escénico y vocal. Alejandra fue como una extensión de mí mismo, del rockero indomable que fui y al sol de hoy (como dice mi mujer Yaire, madre del nuevo Adam) continuó siendo el mismo, sin lamer las botas a nadie. Por eso me va peor que a otros. Pero cuando camino por la calle, voy con la mirada al frente.

Alejandra se instaló en la suite del estudio con Frida y Tere. Si bien la mayor parte del tiempo se la pasaba en mi casa con mi familia, como siempre. Sólo que en esta ocasión, muy tranquila. Desarrollamos un clima muy familiar. Afortunadamente, Ale estaba perfecta, parecía que la maternidad la había tranquilizado. Creo que fue su mejor momento desde que yo la conocí. Pese a que el ambiente se había tornado extremadamente tenso con su disquera, Alejandra tenía su decisión muy bien tomada, y si algún día tiene un atisbo de lealtad (que lo dudo) deberá contar la verdad, la cual coincidiría con estas páginas.

Mientras nosotros realizábamos el trabajo de lograr un nuevo éxito, el licenciado Gabriel Abaroa llevaba a cabo el plan que él ideó para zafarse de Melody. No entrañaba mucho secreto, pues como pensábamos, contábamos con la prepotencia de que se creían con el poder absoluto.

Una vez que me sacaron del país, se encontraban con una Alejandra totalmente indefensa. Entonces Melody le hizo una propuesta auténticamente vergonzosa. Con los millones de dólares que habían facturado con ella, la propuesta contractual que le hicieron era una muestra de los egos desmedidos de esos mediocres.

Gabriel Abaroa les traspasó una propuesta de BMG de otros dos millones de dólares. Melody debería presentar una contra oferta en un plazo establecido. El plazo expiraba un viernes, y Gabriel Abaroa sabía que en Melody, un viernes al medio día seguramente no habría nadie para afrontar la respuesta. Fue cuando presentaron los abogados de Alejandra la notificación notarial en la cual se daba por finalizado el contrato al no presentar (el licenciado Carrera) la contraoferta que podría ser igualada o no por el contendiente, la clausula de rescisión era aplicable. Por lo que el contrato en vigor quedaba sin efecto.

¡Panda de gandules! A esas horas, ¿dónde estabas Burrí? ¿Y los responsables con más luces? No sigan culpando a los demás de su falta de celo. Celo profesional. Eso sólo lo tienen los que les apasiona este negocio. La alegría de Alejandra fue indescriptible, y *Mala hierba* fue un éxito internacional.

Eso les hubiera dado yo a esos gandules: un triunfo internacional. De todas formas hicieron todo el daño que les fue posible mientras pudieron. *Mala hierba* fue un disco producido por mí, aunque firmara esta gentuza un contrato de producción con uno de mis colaboradores que fue a quien el licenciado Carrera le otorgó un derecho que en nada le correspondía. Cobrar mis regalías amparándose en que ese ex colaborador, quien trabajó conmigo durante diecisiete años, se responsabilizara por escrito de tan bajo comportamiento por ambas partes firmantes. Demasiados pequeños, licenciado Carrera, para tan gran empresa como Televisa. Nunca se debe barrer debajo de la alfombra, hay que ser profesionales y asumir los errores.

Lo que no puedo entender es que me hicieran responsable de una decisión que sólo Alejandra había tomado; es más, incluso desaconsejé tal medida. Sin embargo, era siempre más fácil apuntarse a la cobardía de matar al mensajero.

Creo que es importante que Alejandra no se olvide que de no haber intervenido su padre para enguarrinar por recuperar una notoriedad que le quedaba demasiado lejana, muy probablemente hubiéramos firmado contrato con otra disquera, pues Sony aún no había entrado en juego y las ofertas eran de dos millones de dólares. Un millón a la firma del contrato y otro millón a la entrega del primer acetato. El contrato se firmó con BMG, liderada por el gallego universal con quien ya habíamos firmado contrato en mi casa de Madrid; pero el gallego, que como tal y haciendo honor a sus orígenes, no es tonto, inteligentemente fraccionó las entregas de los dos millones en cuatro pagos. Quinientos mil a la firma del contrato y los siguientes pagos tal como fuera amortizando los adelantos. De todos es sabido que los dos primeros discos con BMG no amortizaron el primer adelanto, por lo que se quedó sin ese millón y medio que hubiera recibido de inmediato si no hubiera existido intervención de nadie. ¡Gracias papá, como siempre la cagaste! Aunque un pajarito vio un cheque de medio millón volando a unas islas y a una cuenta que no era la correcta. Menos mal que el galaico se dio cuenta; de lo contrario, ni eso. Desafortunadamente, Alejandra ya estaba en caída libre física y moralmente, haciendo muy difícil para cualquiera producirle un disco en sanas condiciones. Y así transcurrieron los años. Continúa cantando las canciones que yo le hice y poco más.

Lucía Méndez

Haber trabajado con ella fue todo un orgullo. Pocos artistas con una trayectoria tan brillante y de tanto prestigio son tan disciplinadas y respetuosas con un productor.

Tras muchos años de no aparecer por el mundo discográfico, Sony me pidió hacerme cargo del desarrollo de la producción de Lucía Méndez. Recuerdo muy bien que se concertó una cena en un restaurante inglés de Polanco. En esa cena estaban presentes los representantes de la compañía, Lucía, Pedro Torres (su marido en aquel entonces) y yo. La cena tenía como objetivo que Lucía y yo nos conociéramos, pues al parecer ella tenía una imagen de mí un poco distorsionada. Mejor dicho, poco positiva. Era lógico, ya que el clan Bollindo llevaba bastante tiempo lanzando improperios hacia mi persona. La información que Lucía tenía de mí se la había proporcionado Manuel Mijares, amigo de Lucía y manejado por "La Gordita Galindo". Yo no creo que Mijares, quien en primer lugar me debe un montón por lo que le he ayudado, hubiera sacado de su propia cosecha los comentarios negativos que hizo de mí. Le tengo verdaderamente mucha estima. Además, creo firmemente que Manuel carece de esa imaginación maligna para inventarse ese tipo de opiniones. Sin duda

"La Gorda" había emponzoñado su cabeza, como lo hizo con tantos otros.

La violenta enemistad de "La Gorda" contra mí fue por negarme a producir para Mijares el tercer disco. Con tanto odio, debe ser que no se ha acordado nunca o no ha querido acordarse que si seguía estando con Mijares, era gracias a mi intercesión por ella. Si no, que recuerde la noche del show de Mijares, cuando lloriqueando me vino a decir que el malagradecido quería terminar, pues con todo lo que por él habían hecho, ni siquiera una flor tuvo el detalle de regalarle. Coño, Manolito, qué codo eres, le dije en el Crown Plaza, cuando la mandó a la goma, y yo le di una monumental charla a Manolo, arreglando el asunto. "La Gorda" es de ese tipo de gente a quienes les gusta manejar o bien destruir lo que no puede controlar, por lo que la mejor opción en esos momentos para Mijares era estar bien con el clan Bollindo, por ello le di la charla. No le convenía a Manolo tener enfrentadas con él a las herederas del último dinosaurio. Tras mi negativa de producir el tercer LP de Mijares, fue Luis Moyano quien me rogó que fuera indulgente con el asunto y que por favor "papacito", como me decía siempre, hiciera un esfuerzo y no le dejara en la estacada. Tras un estira y afloja, al final decidí producirlo. Como podrán imaginar, el orgullo de la manipuladora "Gordi" estaba más que tocado. Un gachupín enano diciéndole lo que debía hacer. A ella, la más del corralito. Lo iba a pagar caro, comentó a sus allegadas de la compañía.

Nos reunimos una tarde en la casa que Daniela Romo y Tina se habían comprado a medias en la colonia Lomas de Chapultepec. Tina, "La Gorda", Dani, Mijares y yo. Yo traía de España casi la totalidad del repertorio a grabar. "La Gorda", íntima amiga de Morandi y alguno que otro italiano, me quiso imponer varios temas de sus amigos. Yo no estaba de acuerdo en aceptar canciones de otra gente que no fuera mi grupo de autores. Primero, porque los éxitos de Mijares siempre los componía mi gente. Segundo, porque de meter algún tema de otros, y siendo del mismo nivel, prefería grabar canciones de mi gente. Era más lógico que defendiera los intereses de mi equipo o de autores mexicanos que consideraba más cercanos a mi núcleo, que los de unos amigos italianos de "La Gorda", a quienes no conocía de nada. Tercero, que jamás me negué a incluir temas de otros, eso sí, siempre y cuando fueran mejores; no hay más que recordar que fui el primer productor de primera línea que también grabó temas de autores mexicanos que comenzaban. Pero en el caso que nos ocupa, incluir cuatro canciones de unos italianos de tercera clase, excepto Morandi, me parecía un intento caciquista más de su amplio repertorio.

En ese momento estaba la tensión al máximo, pues si de algo me enorgullezco es que siempre he defendido a los artistas y lo que he considerado mejor para ellos, aunque ello me haya dado muchos enfrentamientos y sinsabores. Nunca me dejé manejar por las circunstancias, ni por los actores de las circunstancias.

Llegado el momento, y ya en España, vinieron al estudio de grabación "La Gorda", Mijares y el séquito acostumbrado. Las pistas se habían grabado en Italia con Loris Cerrone. Por lo rápido que tuvimos que realizar la producción, faltaban por llegar los dos temas propuestos por "La Gorda", ya que fueron los últimos en llegar a manos del arreglista. Pues se enviaron ésas canciones de México a Italia; el resto del repertorio, hacía ya varias semanas que Loris disponía de él. Por tanto, Loris fue grabando lo que ya tenía y aguardó hasta recibir las dos canciones que estaban pendientes. Para resumir, escuchamos las pistas de los ocho temas que ya teníamos, entre ellos el gran éxito *Soldado del Amor*, y les expliqué cómo llegarían al día siguiente las dos canciones que faltaban. De nuevo volveríamos a escuchar el material, esta vez todo completo.

Qué barbaridad, cómo se puso "La Gorda". Acostumbrada a tratar así a la gente que dependía de ella, comenzó a vociferar y a dar coces amenazándome con las siete plagas, llamando a Raúl Velasco para contarle lo malo que yo era, y advirtió que llamaría a Azcárraga y al Papa para que me excomulgara, sin saber que soy libre pensador, y un sinfín de disparates. Esta vez se había equivocado de medio a medio. Ni estábamos en Televisa San Ángel, donde la conocí con aquella bata blanca con la que parecía la mujer del doctor Mengele, ni yo era un empleado suyo acostumbrado a sufrirla. Intenté convencerla por las buenas y con educadas maneras de que se estaba equivocando.

Ella me acusaba de que por mis pistolas no había grabado esos dos temas (piensa el ladrón que todos son de su condición). Traté de calmarla e insistí en que sólo esperara hasta el día siguiente, y ella siguió con su verborrea caciquista hasta que me harté. Simplemente le dije: "Gorda, eres tan mala, que si te muerdes la lengua te vas a envenenar". Salió vociferando y dando tumbos como el gordo de "Dune". No creo haberle dicho nada importante pues si le hubiera dicho la décima parte de lo realmente merecido por sus desmanes dictatoriales, no sé lo que hubiera hecho.

Pero lo que en verdad me preocupó fue lo que en mi cabeza empecé a imaginar... el estudio en donde grabamos en Eurosonic estaba situado en una segunda planta a la que se accedía por una escalera metálica roja, de cierta peligrosidad. Yo vi a "La Gorda" tan fuera de sí, que pensé que se caía escalera abajo rodando como un balón, quedando despatarrada mostrando sus blancas carnes, y lo que pudo ser el peor diseño de *Victoria Secret* en espantosa exposición.

En ese momento, creo que "La Gorda" me juró amor eterno y, por solidaridad, Tina también. Por eso estoy tan convencido de que Mijares es de un tipo de persona muy diferente, y que no es capaz de hablar tan mal de mí, pues a mí sí me debía lo que hasta el momento era y no al clan, como le gustaba pregonar a "La Gorda".

De ahí la impresión equivocada que Lucía Méndez tenía de mí. Ésa fue la razón por la que en ese primer encuentro Lucía se mostrara a la defensiva conmigo. Pero, afortunadamente, la cena resultó una delicia. Creo que Pedro y yo establecimos empatía a la primera, como hombre capaz, inteligente y sin complejos, y Lucía tardó tres minutos en envolverse conmigo en una conversación distendida, olvidando cualquier información malintencionada que hubiera tenido. Lo que estaba claro era la campaña de descrédito que el Bolliclan llevaba a cabo contra mi persona desde hacía tiempo, y yo ya estaba hasta las narices de tanto abuso de poder.

La grabación del álbum de Lucía se desarrolló en Madrid. Juntos pasamos veladas que se encargaron de acercarnos, y de que Lucía y Pedro conocieran de cerca al Miguel Blasco que soy.

Pocas veces, como dije, había trabajado con alguien tan disciplinado y respetuoso con las directrices que se le marcaban. Por eso Lucía siempre fue una mujer de gran éxito. Sabe cuál es su sitio, con elegancia y estilo. No invade competencias que corresponden a otros.

Además de producir su disco *Luna Morena*, que fue su brillante regreso al mundo discográfico, me pidieron que los ayudara en la dirección de la puesta en escena de otro gran éxito: *Noches de Cabaret*. La dirección artística del espectáculo me llevó muchos días; creo pero lo disfruté como pocas veces. En aquellos momentos, realmente glamuroso y con su gran sentido de la profesionalidad y la estética. Realmente disfruté mucho trabajando con Lucía y Pedro, por su educación, cariño y respeto, que se fortalecieron con el tiempo. Puedo decir que ellos son mis amigos y yo lo soy de ellos. No importa dejar de ser el productor de un artista, lo más importante es saber que siempre cuento con ellos y que las puertas de su casa (como de ellos la mía) siempre las tengo abiertas.

Noches de Cabaret fue un éxito de crítica y público. Las noches de trabajo en el diseño del espectáculo fueron muy intensas, pero valió la pena. El espectáculo rodó durante mucho tiempo, enlazándose con la grabación del siguiente disco. En esta ocasión la voz la grabamos en Miami, ya que por esas fechas Lucía celebraría su cumpleaños y me pidió que le prestara mi casa en Key Biscayne para hacer la celebración. Más tarde, en ese mismo lugar de Miami, Lucía se compró una casa preciosa.

Por cierto, *Popotitos,* esa casa la compré en el año 1984, o sea, varios años antes de conocer a Alejandra y de que tú me acusaras sin pruebas, como siempre, de que la había comprado con dinero de tu hija, *gilipollas*.

Fue una noche inolvidable. Todo Miami se congregó esa noche en nuestra casa, y creo que fue una de las primeras fiestas glamurosas que se celebraron en la isla. Estaban presentes presidentes de emisoras de televisión y de disqueras, artistas importantes, célebres presentadores de televisión; en fin, todo un acontecimiento. Recuerdo que a las tres de la madrugada apareció el mariachi a cantarte a Lucía las mañanitas. Se armó la de Dios. Comenzaron a llegar patrullas de la policía para suspendernos la fiesta, ya que a nuestros amigos y vecinos yanquis les importaba un carajo quién era Olga Guillot, Ángela Carrasco, Braulio, el presentador Jorge Ramos y otras grandes celebridades. Los policías cubanos no nos decían nada, sólo amenazaban que si venía su capitán, quien era yanqui, nos íbamos a enterar.

Tras la maravillosa fiesta terminamos el segundo trabajo con Lucía, que nos costó lo nuestro, ya que el empecinado Marcos Maynard, prepotente y mal educado donde los haya, no paraba de fastidiar con grabar canciones brasileñas. Menos mal que al final lo echaron a la calle, pues en su traslado a Miami fue un auténtico desastre. No entiendo cómo en las compañías discográficas tardan tanto en darse cuenta de lo nocivos que son algunos ejecutivos, y para colmo luego viene otra compañía y los contrata.

PAULINA RUBIO

Hace ya varios años, cuando Timbiriche estaba en pleno apogeo, me encontraba en Acapulco, como acostumbraba hacer cada vez que llegaba a México. Con mis piñas coladas de verdad y esos cocos locos que me mandaban a una siesta lo suficientemente larga como para ligar un día con otro. Entre el cambio de horario y el cansancio de las catorce horas de vuelo, nadie me movía de la cama hasta el día siguiente. Era domingo, y se estaba realizando un programa de *Siempre en domingo* en Acapulco. Allí encontré a los flamantes integrantes del grupo Timbiriche, súper simpáticos todos y muy divertidos. De ellos siempre me llamaba la atención la rubia con frenos (braquets), quien siempre que me veía me decía lo mismo:

—Señor Blasco, cuando yo sea mayor ¿me producirá usted un disco?

—¡Por supuesto! —le respondía yo—; cuando seas mayor.

Y como siempre, el tiempo es más rápido que el pensamiento, y sin darnos cuenta nos devora.

En efecto, el tiempo había transcurrido con enorme rapidez. Por eso, un día en que me encontraba en mi cuartel general y hotel favorito de la Ciudad de México en aquella época, el María

Isabel Sheraton, sonó el teléfono. Al otro lado escuché una voz ronquilla pero muy firme; así es ella.

—Señor Blasco, soy Paulina Rubio. ¿Se acuerda de mí?

—Por supuesto, Paulina, ¿cómo estás?

—Muy bien, señor, ¿le puedo pedir un favor? Estoy en el Periférico y en unos veinte minutos estoy en su hotel. ¿Lo puedo pasar a ver?

—Claro —le dije—, no faltaba más.

Mientras llegaba la niña de los frenos en la boca y sus patas flacas, me entretuve pensando en qué le iba a decir esta vez. Al rato llamaron a mi puerta, y al abrir encontré algo que no se parecía en absoluto a aquella niñita que vi en Acapulco. Paulina entró como un torbellino en la habitación y yo me sujeté a la puerta mientras ella pasaba. No lo podía creer, se veía sensacional con su melena rubia, casi dorada, un poco a lo Diana Ross, un traje ajustado de chaqueta a cuadros y unos tacones tan altos, que me sacaba más de una cabeza de altura. Bueno, realmente no hace falta mucho para eso, pues Dios no me favoreció con la estatura. Lo cierto es que quedé totalmente sorprendido al presenciar tan generosa visión. Recuerdo que con su sexy sonrisa, difícil de igualar, se dio cuenta de lo que me había impresionado. Yo le pregunté por sus flacas patitas que se habían convertido en dos firmes pilares a punto de que le estallasen las pantorrillas, y Pau me explicó que justo venía del gimnasio, y por esa razón sus piernas lucían como si estuvieran inflamadas. Nos sentamos a charlar y me recordó la promesa que le había hecho tiempo atrás de producirle un disco. Tal como muchas personas saben, yo siempre cumplo lo que prometo. Ella había sido fiel en la demanda y yo lo fui en la promesa.

Me contó que tenía algunas dificultades para encontrar disquera, y que por lo tanto el disco se lo financiaría ella con la ayuda de su mamá. Sin perder tiempo en historias, nos pusimos a trabajar. Lo que más me impresionó de Paulina fue la claridad de lo que quería llegar a ser, y sus posibilidades eran muchas. Como le dije a su madre en una ocasión: "Tal vez tu hija no sea una gran cantante, pero puede conseguir todo lo que quiera. Puede bailar, cantar, modelar, conducir; en fin, podía hacer lo que quisiera, porque tenía el carácter y la inteligencia para lograrlo", y estoy seguro de que no me equivoqué.

Después de un par de meses de ese encuentro, le llamé a Paulina y le dije que ya tenía el material listo, y que debía preparar su viaje a España cuanto antes. Fue a principios del año 1992, creo recordar que fue en enero, y con un frío que pelaba la fui a buscar al aeropuerto.

Mi bella Pau, como yo la llamo, llegó con un pequeño equipaje de diez maletas. Ya me había dado cuenta que era una *pop star*, por lo que diez maletas no me parecieron excesivas, pero cuando regresó a México el "pequeño" equipaje se había multiplicado. Se instaló en la suite del estudio, y debo decir y admirar que durante el tiempo de la grabación de su primer álbum *La chica dorada*, su concentración fue extraordinaria. No salía del estudio más que para comer o cenar. El resto del tiempo se la pasaba trabajando. Y también quiero dejar patente que su profesionalismo me dejó impresionado. ¡Qué buena onda! ¡Y qué buena vibra!

Para acabar de pasarlo fenomenal, llegó Susana, la madre de Pau. ¿Qué puedo decir de ella?: Bella, inteligente y humana. Creo que ha sido una de las grabaciones más felices y enriquecedoras que he tenido en el plano humano. Con una concentración bárbara y una disciplina envidiables; valores que yo ya había advertido en Paulina, quien con todas esas cualidades, no tuvo problema en dar la talla. Terminamos la grabación de voz y luego se regresó a México, mientras yo terminaba con el resto del trabajo.

Durante el tiempo de la grabación, Yolanda Andrade estuvo con nosotros. Qué bien la pasamos esas semanas en su compañía. ¡Hay que ver, Yolandita, cuantas "miaus" te tomaste y cómo te gustaban! Al día de hoy, cada vez que la veo aparecer en algún programa de televisión o en el que conduce con Isabel Lascurain y mi querida Gloria Calzada, *Las netas divinas*, pienso que quizás algún día tengamos que hacer un programa que se llame *La neta*. Te mando muchos besos y mi mejor recuerdo. Espero algún día poderte estrujar otra vez con el mismo cariño.

Voy a contar un secreto de mi querida Paulina. Aunque no lo parezca, es mejor regalarle un traje de los que a ella le gustan, que invitarla a comer. ¡Virgen Santa! No entiendo cómo podía devorar dos platos de codillo de cerdo con salchichas y patatas fritas en el restaurante alemán que tanto le gustaba ¡¡¡¡¡y sin engordar!!!!! Me cuentan que aún sigue igual. Así ha de tener a Colate, flaquito, flaquito, pero con educación, como dice Joaquín Sabina en una de sus canciones.

Al terminar el disco de Paulina viajé a México para escuchar el material en las oficinas de Víctor Hugo O'Farrill, que por cierto, ¡qué colección de coches antiguos tiene! ¡Qué envidia! Cuando yo le hablé de mi Opel GSI, imagino que se debió morir de risa, si bien creo recordar que una vez estuvo en Madrid y por la carretera de la Coruña lo manejó, y alcanzó más de doscientos kilómetros por hora en diez segundos.

Bueno, a lo que vamos. Víctor Hugo también había colaborado en la producción del disco de Paulina, pero a pesar de que era uno de los vicepresidentes de Televisa, aparentemente en esos tiempos estaba más de salida que de entrada en el grupo. Esto ocasionó que Pau tuviera que aguantar una de las peores pesadillas: hacer antesala.

Todos hemos hecho antesala en algún momento de nuestra vida, pero mi bella Pau tuvo que esperar días y días para poder ver a un personaje conocido como "Él", quien siempre llevaba en su cartera la fotografía de Sasha, como a la virgencita de Guadalupe. Era su secreto oculto, aunque ni tan oculto, pues en sus múltiples borracheras siempre acaba enseñando su tesoro. Imagino que mirando esa fotografía pasaba los únicos momentos de su vida en que le daba uso a su maní.

Durante meses, la respuesta que siempre le daba a Paulina era: "ahorita". Según yo, la palabra "ahorita" es una unidad de tiempo mexicana que puede variar desde un segundo hasta todo un mandato presidencial. Después de escuchar muchas veces ese "ahorita", Pau se hartó de saber que su disco, que por fidelidad había entregado a Melody, dormía en un cajón del despacho de "Él".

Ante esta situación, Paulina me pidió ayuda, pues el tiempo transcurría y muchas veces las ideas envejecen. Así que acudí a la que siempre había sido mi compañía: EMI-Capitol, y mantuve una reunión con los ejecutivos, a quienes enseñé el material. Todos, sin excepción, enloquecieron con el disco, y tres días después Paulina tenía una disquera que creía en ella y en el trabajo que habíamos realizado. EMI era una compañía a la que yo le había dado su época de mayor gloria, por lo que para ellos era una garantía que yo tuviera fe en el éxito de Paulina Rubio.

Una vez firmado el contrato con EMI-Capitol, solicitaron a Melody los originales del disco en formato DAT, que es la copia original de producción que yo les había entregado. ¿La respuesta de Melody? ¡Fácil de adivinar!: "No saben cómo lo sentimos, pero se nos perdió el material". No podía fallar, su caballeroso sistema y extraordinaria ética de comportamiento han sido patentes hasta su ilógica desaparición.

Afortunadamente pude reconstruir el material, y Paulina al fin tuvo su lanzamiento como solista, tal como ella había soñado muchos años antes. Su primer disco alcanzó ventas insospechadas. Fuentes fidedignas, que en ese tiempo eran altos ejecutivos de esa compañía y que ahora trabajan en Miami, me dijeron que sobrepasaron el millón de copias vendidas en su primer lanzamiento.

Una vez más no les fallé a los hombres de EMI-Capitol. Por un lado, imagino cómo se han de haber alegrado con las ventas del disco de Paulina, pero por el otro lado, han de haber pensado que habían tenido que esperar muchos años para volver a tener un éxito tan grande, y otra vez de la mano de Miguel Blasco. Entiendo que a muchas personas esto no les hiciera gracia, pues el presidente en turno ni siquiera me recibía en su despacho, ya que aún escocía el asunto de Alejandra Guzmán y otros asuntos más. Pero lo inevitable era así de claro. EMI-Capitol con toda esa legión de ejecutivos: Julio Sáinz (q.e.p.d.), Coco Galarcep, Luis Méndez, El gigantesco Colorao, Roberto Piai y Adrian Po$e, no habían sido capaces de lograr un éxito.

Por supuesto, *Mío* y *Sabor a miel* fueron canciones que irrumpieron en el mercado pop mexicano, y una vez más de la mano de Miguel Blasco, lo cual alimentó mucho más, si cabía, la pasión de los "melodyosos" por un servidor.

Durante tres discos consecutivos logramos el "Número uno" en las listas de ventas. En la segunda grabación (*24 Kilates*) la tónica armónica de comportamiento siguió por el mismo camino, aunque ya mi briosa Pau comenzaba a sacar su casta, lo cual es correcto siempre y cuando se respeten los territorios. El primer día de grabación, cuando entré en el estudio, me encontré tirado en el suelo, rendido a los pies de Paulina, al heredero del periódico *El Heraldo de México*. Pau me conoce y sabe que yo no me caso con nadie, y fuera quien fuera el galán, primero está el trabajo, el cual siempre he respetado, ya que para mí es sagrado. En honor a la verdad, el chico fue muy respetuoso y a la primera mirada fuerte que le dirigí respondió con una discreta retirada.

De nuevo el éxito. Según los fans de Paulina, ese segundo disco fue el mejor de los tres que grabé con ella. Y aunque el tercer disco se realizó con la entrega y cariño de siempre, no logramos la misma comunión que con los dos discos anteriores. Como dije anteriormente, cuando se pierde lo esencial, es mejor dejar paso.

Cuando llegué a grabar la voz de Pau para el tercer disco al estudio en Miami, eso parecía un mitin sindical, pero de lujo. En la sala de grabación, Susana me comunicó que ese disco lo grabaría Paulina asida de su mano. En el control todo un lujo de público asistente: Salma Hayek, Salinas Jr. (con sus correspondientes guardaespaldas), la entrañable abuelita de Paulina (besos abuela, tú sí podías) y su hermano divino acompañado de la novia y de otras amigas. En fin, un mogollón que no se lo saltaba un torero. Creo que ese disco pudo quedar mucho mejor, pero allí ya no estábamos los que teníamos que estar.

Después de un tiempo sin ver a Paulina, me invitó a la presentación del disco que realizó con Estéfano. Por cierto, no era necesario mandarme buscar por medio mundo para invitarme a la presentación, en la que sólo me dirigió la palabra para decirme: "Esos ojitossss".

No volví a ver a Paulina en mucho tiempo, hasta que un día la encontré en Miami. Bueno más bien ella me encontró a mí. Yo me disponía a tocar el vidrio de una limusina que estaba impidiendo el paso afuera de un evento organizado por la radio, cuando se abrió la puerta del auto y me jaló de un buen tirón para que me subiera. No voy a comentar el ambiente que había en el interior.

Mi querida Pau, "esos ojitossss" eran los mismos que te miraron con ternura cuando llevabas tus braquets y los mismos que visualizaron tu éxito, que nadie más había podido ver. De cualquier manera, te quiero Pau Pau, yo no olvido los bolsazos que diste a aquellos policías corruptos la noche anterior a mi partida de México. Por eso y por mi cariño de siempre, te quiero. Yo no olvido y no sabes lo orgulloso que me siento al verte fotografiada junto a J. Lo y a Shakira, las tres reinas del pop latino. Nadie te lo regaló.

Sentidos Opuestos

Este sujeto del que voy a hablar pertenece al tipo de personas de las que se debe salir huyendo en cuanto se aparecen. La serpiente es considerada como símbolo de deslealtad y traición, y así se ha representado en muchas culturas a lo largo de la historia de la humanidad. Precisamente, en el escudo de la bandera de México, el águila está posada sobre un nopal devorando a una serpiente, lo cual era una señal para que el pueblo azteca cesara su peregrinaje y se estableciera en el lugar en que descubriera esa escena.

Muchas serpientes se han encaramado a mis piernas, pero afortunadamente siempre he podido zafarme de ellas. A esta especie hay que cortarle la cabeza para estar bien seguro de que está muerta, porque es traicionera.

Encabezando los primeros lugares de mi lista de desagradecidos y líderes de la deslealtad, está Jaime Sánchez Rosaldo, a quien conocí siendo manager de Lucerito. De ahí dio inicio lo que yo pensé, de manera equivocada (una vez más), que era una gran amistad. Ya de lejos se vislumbraba una persona con un interior soberbio y poco accesible cuando siente que tiene poder, pero sumiso y asequible cuando no tiene nada, y pillo cuando hay un peso de por medio.

Siempre he acostumbrado hospedarme en los mejores hoteles, y en ese tiempo tenía un lugar favorito en la Ciudad de México, y creo que también de Antonio Banderas y gente de buen gusto: un precioso y coqueto hotel en Polanco llamado Casa Vieja. Este lugar lo conocí gracias a Jaime Sánchez Rosaldo, pues su futuro yerno era el chef del restaurante de ese maravilloso lugar, que he recomendado y recomiendo a cualquier persona que visite el Distrito Federal.

Jaime siempre me insistía en que me alojara en su casa, en lugar de gastar una fortuna en un hotel. La verdad es que después de veinte años de estar yendo y viniendo por tantos países y de un lugar a otro, encontrar un espacio en el cual pudiera sentirme como en casa no me disgustaba nada. Por eso acepté pasar unos días en la casa de Jaime. Con el agravante de que pasaba mucho tiempo solo, pues Jaime hacía sus cosas, que no eran muchas pues no tenía gran cantidad de trabajo, y la soledad acentuaba mi nostalgia.

En ese sentido, hospedarse en un hotel representa una gran ventaja, porque siempre hay con quien charlar. Especialmente en el antiguo Crowne Plaza, en cuyo nivel 22 hay un piso ejecutivo en donde siempre se podía encontrar a algún artista español, y nos daba la madrugada en animadas tertulias, sobre todo con mi adorada Marieta, a quien volvía a encontrar después de sus comienzos en Ariola.

Jaime comenzó a pedirme pequeñas cantidades de dinero, que nunca me devolvió (igual que en el caso de Maximito, debí haber llevado un registro de esas cantidades). Especialmente me pedía dinero para comprar comida, pues en su refrigerador no había ni un jitomate. Nunca me devolvió nada, ni yo se lo pedí,

pues sentía que era una forma de corresponder por el aloja-
miento que me daba.

Alessandra, la hija de Jaime, cada vez aparecía más en escena.
Ella era un amor de niña. Tenía unas ganas tremendas de cantar
y me contó que estaba en conversaciones muy adelantadas con
EMI, la que fue mi casa durante media vida. Me dijo que estaba
tratando con Luis Méndez, un argentino de la legión bonaerense,
peruana y chilena, quien desembarcaba en puestos de responsabilidad en la industria mexicana de esos tiempos.

Luis, que era una persona muy simpática y un extraordinario
adulador, me contó que estaba muy interesado en la niña. Yo creo
que efectivamente lo estaba, pero la realidad es que no tomaba
cartas en el asunto.

Así que decidí crear un concepto para Alessandra. Al principio no tenía muy claro qué hacer con ella, aunque todos los
días entraba en mi cuarto cantándome y haciéndome ver sus
cualidades artísticas, que sin duda las tenía. Le prometí pensar
en algo, pero que me diera tiempo, pues en este trabajo nunca
se sabe si será mucho o poco lo que se requiera.

Una mañana observaba a Alessandra mientras bajaba la escalera de su casa. Ese día estaba radiante y de verdad emanaba
una luz que hizo encender mi imaginación. Pensé que lo que
faltaba en el mercado mexicano era un dúo, tipo Roxette, en lo
que se refiere a la estructura: chica que canta, chico que toca. En
este mundo del disco todo está inventado.

Uno de los gigantes de este negocio, Don Tomás Muñoz
Romero, gran maestro y sin duda hombre de una visión que ya
quisieran muchos tener, decía a los que trabajaban en su equipo:
"Muchachos, copien, copien, no inventen". Quizás es que había

hecho un cursillo con los japoneses con los que acabó trabajando mucho tiempo después de decir esas palabras. Yo no copiaba pero sí aprendía y escuchaba mucho. Pensé que un dúo de las características de Roxette (a la mexicana) sería una buena idea.

Para formar el dúo, instantáneamente pensé en una bellísima persona y gran músico: Chacho Gaytán. Él era el pianista y director de la banda de Alejandra Guzmán. Pensé que era el personaje idóneo y le llamé. Le encantó la idea y al día siguiente nos encontramos en la casa de Jaime para realizar una prueba preliminar. Alessandra frunció el ceño con un mohín de inconformidad, pues ella prefería ser solista, más que formar parte de un grupo. Y, por el contrario, Chacho se entusiasmó mucho con la idea.

Acudí a EMI-Capitol y le vendí la idea a Adrián Po$e, cuando todavía me llamaba "Maestro". Entre Luis Méndez y Adriancito existía una guerra subterránea, pues donde entraba Adrián, alguien tenía que salir, era como una termita. Quizás fuera sólo por joder, pero Adrián aceptó la idea, y Sentidos Opuestos firmó un contrato de exclusividad con EMI.

Todo fue maravilloso. Jaime Sánchez Rosaldo realizó un gran esfuerzo de promoción y me explicó que su economía no le permitiría sobrevivir ni siquiera un mes, por lo que me pidió el favor de prestarle dinero mientras la idea del grupo cuajaba, y que me lo devolvería con intereses en cuanto comenzara a tener resultados. No es que yo fuera idiota, o quizás sí, pero una vez más me dejé llevar al huerto. Le presté catorce mil dólares de la época, de los cuales, una parte se la envié por medio de una transferencia desde mi banco de España, y otra parte la cobró de una parte de regalías que me adeudaba EMI-Capitol. Tengo en mi poder los documentos que comprueban las transacciones, pero como tantos otros que atañen a esta historia, no los incluyo en el texto porque entonces el libro se convertiría en un acta documental y no en el relato que pretende ser. Pero están a la orden por si esto estalla. Catorce mil dólares de esa época, administrándose bien, daban para vivir un año.

Sentidos Opuestos fue un rotundo éxito. Durante unos cuantos años generó importantes cantidades de dinero, pues los chicos hicieron un gran número de actuaciones y, por lo que sé, Jaime se quedaba con el cincuenta por ciento de los ingresos, o sea que por su habilidad en el *dribling*, Rosaldo debió embolsarse un montón de millones, lo cual lo convirtió en un chorizo rico.

En uno de mis viajes a México, mucho tiempo antes de que Jaime mostrara su verdadera cara, me reuní con él, y me dijo que por el momento no podía pagarme el préstamo, ya que había hecho una inversión, pero que en breve me lo devolvería. Desafortunadamente, por las circunstancias que ya he relatado, me fue imposible regresar a México durante muchos años. En varias ocasiones intenté contactar a Jaime para reclamarle que saldara la deuda que tenía conmigo, yo sabía que estaba en una etapa de prosperidad y buenas finanzas, pero aun así nunca me dio la cara, y cuando finalmente se dignó responder a mi llamada, con todo el cinismo del mundo me dijo: "Fuiste un pendejo, y si me prestaste ese dinero fue porque lo tenías". Ese fue el pago que recibí de Jaime Sánchez Rosaldo. No me extrañaría que un día también saliera diciendo que me regresó el dinero mediante unos cheques, como lo hizo el tipejo de *Popotitos*. Tal vez descubrimos una fábrica de cheques para especialistas en el sablazo. De todas formas, y como dice una canción de la tierra de mi esposa, "palo que nace doblao su tronco jamás endereza".

Aranza

Algunas historias son más largas que otras, pero todas son igual de importantes. Con Aranza realizamos un trabajo muy interesante, y cómo lo disfrutamos.

Desafortunadamente los tocadores de señoras todavía rondan por la industria discográfica; afortunadamente son pocos y están bien identificados.

Qué disco tan interesante hicimos con Aranza. Lo trabajamos canción por canción, acorde tras acorde y tumbados en el suelo fui escribiendo la letra de un trabajo que técnicamente no vio la luz.

Por lo que sé, Aranza no era una chica fácil, y muchas veces eso no ayuda con los que miran la nalga antes que escuchar las canciones. *Donde fue nuestro amor, tus mentiras y mis lágrimas de mujer enamorada.* Mira que el "toca-culos" me insistió: "No te la vayas a… (ya sabes). Yo siempre he dicho: "Donde tengas la olla no metas la…".

Sigo sin entender cómo hace ese tipo de personas mafiosas y libidinosas para mantenerse como ejecutivos. Por talento definitivamente no es, pues allí donde están arrasan, destruyen a la compañía y luego rápidamente son contratados por otra multinacional. ¿Misterios de esta industria? Creo que hasta el momento no han sido capaces de desarrollar a un artista de verdad, pero así es esto del disco; lamentable.

Afortunadamente, y a pesar de todos los obstáculos, de una manera inesperada Aranza alcanzó el éxito que tanto merecía. Me encantaría poder contar muchas historias sobre ella, pero no tuvimos oportunidad de compartir mucho tiempo. Llegó a España, grabó y se fue.

Como yo ya había sido amenazado de muerte y México había quedado muy lejos de mis intereses, no supe bien lo que pasó con ella. Imagino que habrá sido difícil para Aranza tener que renunciar a sus sueños con aquel magnífico trabajo que juntos construimos con tanto cariño e imaginación.

Después tuvo un merecido premio con Don Armando Manzanero. Me cuenta mi esposa que estando en Puerto Rico disfrutó de la voz de Aranza y de las canciones del maestro. Me alegré mucho, pues una vez más los enanos se quedaron en la seta sin saber cómo poder llegar a tierra.

Aranza:
Me dio una gran alegría cuando me pediste una solicitud de amistad en *My space*. Te vi preciosa. Eres la única artista mexicana que se atrevió a acordarse de mí. Precisamente tú, que nada me debes. Espero poder darte ese abrazo que tengo guardado para los buenos, para los que nada tienen que esconder. Mil besos, princesa... me encantará volver a verte algún día. A mi esposa Yaire, que es una extraordinaria compositora y estupendísima cantante, le encantaba entrar en el estudio y practicar poniendo voz a alguno de nuestros temas, porque le fascina cantar tus canciones.

Caminando sobre los buenos recuerdos, que son muchos, en mi cabeza se agolpan personas de bien que tanta falta le hacen a mi México querido, y eso me hace olvidar la mediocridad que lleva pistola.

GUIDO LABORANTI

Quiero dedicar unas líneas a mi querido Guido Laboranti. Querido siempre. Cuántas páginas se necesitan para escribir las palabras "amistad" y "lealtad". Qué poco espacio para tanto.

El día de hoy estoy en Miami en un hotel de Coconut Grove frente al embarcadero. Adam está durmiendo y Yaire me hace compañía mientras lleno estos renglones. Renglones dedicados a eso: a la amistad y a la lealtad.

Me siento muy afortunado, pues en dos días Guido estará por aquí y podré darle ese abrazo de siempre, despedirnos al día siguiente y hasta la próxima. Quedan lejos Costa Rica y España, por eso a veces damos saltos de unas cuantas horas de avión sólo para eso, para darnos un abrazo.

Entre muchos recuerdos que me unen a Guido, en especial vuelve a mi memoria un día en que yo tenía una cita en Televisa San Ángel y se me había hecho tarde. Guido se había traído de Italia una motocicleta de gran cilindrada, y se ofreció a llevarme en ella, gracias a lo cual en un santiamén estaba en el lugar de mi cita. Con el único inconveniente que del maletín que llevaba en la mano sólo quedaba la agarradera, el resto se había quedado tirado en el Periférico.

Con Guido he pasado parte de los momentos más divertidos de mi vida. En esa ocasión, después del veloz viaje en moto,
llegué a mi cita más temprano, y fuimos a ver si le dábamos un
beso a nuestra querida "Chipi". Entramos con "La Verdá" de mil
centímetros cúbicos bramando por las aulas de la universidad
donde estaban grabando una telenovela o algo por el estilo. Nos
llevamos una bronca monumental por parte de algún profesor
y algún guardia de seguridad. Pero hasta el día de hoy y para
desgracia de algunos, todavía nos comportamos como niños.
Quizás es que nunca quisimos crecer, o que simplemente no
nos da la gana hacerlo, y cuando la " chingada nos lleve" (como
dicen los mexicanos), que nos lleve a un kínder, de donde nunca se debería salir.

Hay muchas anécdotas que podría contar de ese corte y que
corresponden al periplo mexicano. En una de ellas, estábamos
en Acapulco, en una lancha que nos llevaba a la playa de Pichi-
lingue, la cual era súper privada. Con la desvergüenza que nos
caracterizaba, nos aposentábamos en un chamizo de la solitaria
playa y un muchacho encantador nos abastecía de todo cuanto
necesitábamos: langostas, cervecita fría, refrescos, etcétera. Sólo
teníamos que gritar ¡Willie!… y aparecía a toda máquina con su
veloz canoa para surtirnos de alimentos y bebidas. De repente,
vimos deslizándose sobre unos esquís a un amazona acuática
que a lo lejos parecía la Diana Cazadora: bronceadísima y con
una figura espectacular. Nosotros no nos lo pensamos ni un
segundo, nos anudamos unas toallas al cuello, a guisa de capa
de caballero medieval, y nos lanzamos al galope tendido sobre
nuestras monturas difíciles de controlar por su brío, agitando
nuestras espadas y retando a la amazona acuática. La chica, con

un movimiento elegante de tiro, se enfiló hacia la orilla para conocer a esos intrépidos caballeros que galopaban por la playa. Verdaderamente era preciosa. Tenía unos ojos verdes de esos que sólo salen en las películas de James Bond; de hecho, miramos alrededor para cerciorarnos de que no estaban filmando una película. La chica estaba muy divertida con nosotros, y el lanchero hacia buen rato que le hacía señas para buscarla. A ella sin duda le gustaban los loquitos, y nos invitó a cenar, pero las caras de nuestras chicas nos hicieron desistir.

Guido:
Hace casi veinticinco años que de forma entrañable tus padres me encomendaron tu custodia. Tu padre decía que yo tenía la mirada de un halcón, y me dijo: "Miguel, llévalo contigo y que vea el mundo de verdad". De verdad que lo vimos, y lo hicimos donde más de cerca puede verse: en México.

Por cierto, a Guido también le acorralaron unos sujetos a la salida del hotel Sevilla Palace de la Ciudad de México, y lo acompañaron al aeropuerto, obligado a tomar el primer avión con rumbo a donde fuera.

Laura Flores

Otro encanto de chica. Yo ya la conocía desde antes de trabajar con ella, pues había coincidido con ella y su marido, Sergio Fachelli, en algunos vuelos a Europa. Siempre me llamó la atención su singular belleza. Su rostro surcado por una inagotable sonrisa, que a la vez denotaba una tristeza escondida. Quizás esa incógnita la hacía más atractiva.

Muchas veces los artistas luchan por alcanzar el éxito de mil maneras. Unas veces cambiando de compañía, otras cambiando de productor, otras ni de una manera ni de otra. Este extraño negocio del disco no siempre tuvo la fortuna de tener los ejecutivos que merecía. En otros tiempos, las compañías disqueras se manejaban de otra manera, y defender a la compañía era casi como defender la camiseta del equipo favorito. Pese a ello, había compañías que tenían una especie de maldición. Y yo creo que a Laura le tocó bailar con una de esas.

Cuando el amor estalla…la metralla… fue un tema que debió arrasar en listas, pero se cruzaron muchas circunstancias relacionadas con la compañía disquera que obstaculizaron su éxito.

Sé que posteriormente le fue muy bien, y me alegro. A Laurita le guardo un gran cariño, al igual que a su hermano Gerardo, que me da gusto verlo "guisando", como dicen los músicos boricuas, cuando lo ven trabajando en el programa del inagotable y siempre exitoso Don Francisco.

Existe un capítulo poco conocido. A comienzos de mis primeros trabajos con EMI-Capitol, nuestro entrañable Luis Moyano me pidió que recibiera en España a Marco, el talentoso hermano de Laura, pues pensaba que era un chico con futuro y que sería muy bueno para su formación profesional estar aprendiendo con mi equipo. Yo no tuve ningún inconveniente en incorporar a Marco a nuestras filas como becario. Cuando llegó, fue recibido como un hermano pequeño, aunque es gigantesco. Después de unos días de compartir con nosotros los trabajos que estábamos realizando, nosotros pensábamos que se encontraba muy a gusto, pero el Boli, nuestro ingeniero, lo escuchó hablando con Luis Moyano y nos estaba poniendo a parir, diciéndole que él no tenía nada que aprender de los gachupines, etc., etc. Boli nos contó lo sucedido y en las tardes en que siempre nos tomábamos nuestras cubitas, el Boli le vació medio frasco de *Evacuol* en su vaso. Si llegabas a tener dificultades para evacuar, unas gotitas de este producto hacían maravillas, pero sólo unas gotitas. Medio frasco debió ser tremendo. Durante tres días Marco no apareció por los estudios, y nunca más lo volvimos a ver. Imaginamos el romance que ha de haber tenido con el excusado. Sé que está bien, pues ha tenido muchos éxitos en su carrera.

Mas todo pasa, todo pasará, y nada queda, nada quedará. Así decía una canción que fue éxito en medio mundo. Sin duda la copla tiene razón. Lo malo del caso es que te agarra con la arruga descolgada y muchas veces te planteas si valdrá la pena reivindicar lo merecidamente reivindicable o dejarlo por la paz.

Pero como decía un gran periodista y amigo, Antonio D. Olano: ¿por el mismo precio, príncipe? Por eso, por el mismo precio que no se nos quede nada en el tintero. Quizás no sirva de nada, quizás a alguien se le ocurra que este relato no ayuda en nada, ni a México, ni a su depauperado mundo musical, pero yo creo que no es bueno mantener tanto perro en el mismo plato. Hagamos limpieza, pero de verdad.

Ahora, la pregunta del millón... ¿A cuántos artistas internacionales ha creado la industria mexicana en los últimos quince años?

Es obvio que si algún presidente de alguna compañía discográfica siempre ha dicho que no cree en los directores artísticos ni en los productores, sería bueno que explicara qué hicieron por la industria personas como Don Manuel Alejandro, Quincy Jones, Don Manuel Pérez Botija, Phil Spector, Estéfano, Kike Santander, Rudy Pérez, Omar Alfano, Armando Manzanero, mi querido Bebu Silvetti y un larguísimo etcétera que sin duda no sería tan extenso como el salto de ejecutivos a lo largo de la historia. Juan Carlos Calderón, Luis G. Escolar, Emanuelle Rufinengo y otro largo etcétera de autores y compositores.

¿Qué gran éxito se escucha en estos últimos años por las ondas de las emisoras de radio? Los que llevan el mismo tiempo que yo en la industria siempre me dicen lo mismo: "eso era en tus tiempos". Como si mis tiempos no fueran los suyos. Como si en mis tiempos ellos estuviesen en el kínder, como mi querido Maharvi. Hay que joderse. La misma cantinela de siempre para defender ese asiento tan calentito que deben tener el trasero de amianto. No eran otros tiempos, son los mismos que hemos vivido a lo largo de los cambios tecnológicos de la industria. Estos chicos quieren ocultar que siempre se vendieron canciones, que si no hay canción no hay artista que se mantenga. Los artistas desaparecen cuando no tienen la canción que los proyecte. Apena ver cómo algunas compañías con presidentes de segunda meten sus canciones en vez de buscar las mejores para desarrollar un buen repertorio.

Apenas hoy me enteré que ese enano saltarín y toca-culos escudero de un vendedor de plazas hoteleras ya hace un año que dejó un puesto de responsabilidad, después de hacer retroceder la compañía en donde estaba hace veinte años. ¿Pero qué le importa a esa gente? Si hunden una compañía, habrá otra que los contrate. Es evidente que estamos ante el gran cambio, aunque sin duda no será lo profundo que debería ser. La industria se ha convertido en un banco de activos convertibles a corto plazo y renuncian con sus interminables fusiones y re-fusiones al crecimiento. Hasta los bancos son más creativos, saben que los disponibles a corto plazo se agotan, y diversifican su inversión financiera para no dejar de crecer, si bien por exceso de ambición nos han llevado a la situación actual. Confío en que un sector sirva al otro como lección. Los discográficos y sus editoras no cesan de ordeñar una vaca que hace mucho dejó de producir leche. Leche para unos pocos significa la gravedad del cáncer que debió ser extirpado, o al menos someterlo a una violenta quimioterapia, si es que algo se quiere salvar. Siempre hay tiempo. Esperemos un poco y que se jubilen los que buscaban que otros se jubilaran para dejarles el sitio a ellos y desaprovechar lo que ya estaba hecho por quienes ellos criticaban.

Es la esperanza de muchos creativos de verdad. Quincy Jones es octogenario y ahí está; aún puede producir lo que quiera, por lo que todavía me quedan esperanzas. De nosotros, los que hemos sido motores creativos, siempre se podrá apretar una tecla y nuestros hechos aparecerán en cualquier página de Internet. Si se busca el nombre de algún ejecutivo que ya no esté desempeñando un cargo, podrán observar cómo se olvidan, igual que un mal sueño. Y de los ejecutivos de la generación del ochenta que continúan en la industria discográfica, ya les queda poco, tampoco hay mucho que rascar. Gracias al cielo en todas las áreas está apareciendo savia nueva y joven. Confió en que no se contaminen y retomen el camino de crear y no el de re-explotar lo que tanto se ha explotado. El vivir de recopilaciones ya no es un recurso. Se agotó el filón. Qué lástima que ahora sólo existan cuatro disqueras.

He estado presenciando un estupendo programa de televisión: *Bailando por un sueño,* con un montón de talento que será desaprovechado, pues la industria actual no tiene la capacidad de desarrollar tal cantidad de buenos artistas. Entiendo que Televisa, que es la productora del programa, acabara harta de sus disqueras, pero hay hombres de negocios de primerísimo nivel mundial que podrían considerar entre sus múltiples negocios crear una discográfica que catapultara todo ese talento a nivel internacional sin perder dinero, pero ¡por favor, no lo contraten a "Él"!

Cambiando el tercio, como dirían los taurinos, el tiempo se va convirtiendo en velo que poco a poco va nublando la memoria. La mía no fue nunca demasiado buena. Quizás porque es mejor no recordar. Ya que la mente también activa un mecanismo de defensa para que podamos defendernos de los malos recuerdos, aunque a veces los buenos y los malos acaban en un mismo lugar.

ARIANA

No me olvidé de ti, aunque no tuvimos la oportunidad de saborear juntos el éxito. Nos fue esquivo, pero no así el cariño. Lula querida: comías tanto corazón, que estuve a punto de comprar Villa Lobillos (es broma), pero la verdad sea dicha, te ponías azul con los mariscos y esos chopitos frititos que te encantaban. ¡Qué gran compañía fuiste! Como disfrutamos con tus invitaciones a la casa.

No me olvidaré nunca de aquella velada en la que llegamos a tu casa cargados de centros florales; aunque ya éramos mayorcitos, nos comportábamos como auténticos niños. Aquel cargamento de adornos eran del banquete de una boda en la que actuó Manuel Mijares, y sólo recuerdo que al marcharnos pasamos por una sala que estaba abarrotada de los mencionados centros de flores que los invitados habían mandado, supongo para el evento. Nosotros pensamos: demasiada flor, no creo que se las lleven todas a casa. Sin pensarlo dos veces, Guido, Felipe, J.R. y yo arramblamos con todos los jarrones que pudimos y cargamos el coche del pobre Felipe, un *Renault R-1*, que quería más que a un familiar, y lo mimaba y lo limpiaba como si fuera un *Lamborghini*. Con el traqueteo del camino, los jarrones que aún estaban llenos de agua se volcaron y alguien en un semáforo nos advirtió que algo raro le pasaba al coche. Lo que sucedía era que la cajuela, como le llaman en México, estaba chorreando; la abrimos y la cara del pobre Felipe era un poema; casi se pone a llorar. La verdad sea dicha, éramos unos cerdos desconsiderados con el pobre Philippo, como le llamaba Guido, sabiendo que era alérgico a las ventosidades cuando regresábamos en la noche al hotel y el frío del invierno hacia bajar la temperatura en el D.F. Cerrábamos las ventanillas del coche y con la ropa de la mañana nos estrujábamos en los asientos protegiéndonos del frío. Siempre había un guarro que silenciosamente dejaba escapar un lamento jalapeño, automáticamente Philippo frenaba el auto y nos hacia bajar a todos, muy enojado, amaba tanto a su carro que no podía tolerar esa falta de respeto a su Renault tapizado con piel de pantera; más bien parecía el coche de un domador de circo y Felipe, en gran manera, se parecía a aquel novio que tuvo Estefanía de Mónaco, que también era domador de circo. Cómo nos hemos reído en México cuando toda la banda estaba junta gastando bromas constantemente, yo creo que para todos nosotros fue una época inolvidable.

Bueno, al fin llegamos a casa de mi querida Ariana y como siempre, era un auténtico lujo. El más mínimo detalle en la mesa era cuidado como si de una petición de mano se tratara.

Ariana divina:
El tiempo puede pasar, pero ni un momento al escribir este relato he dejado de pensar en ustedes. No puedo olvidarme de nadie; si es posible fue demasiado el cariño recibido, y si lees este recuerdo, sabrás que las buenas personas como tú son imposibles de olvidar. Mi madre decía: "El que no está,

no se encuentra". Yo no estuve en México durante muchos años, pero nunca me olvidé de ustedes, siempre tendrán un lugarcito en mi corazón y en mi memoria. A veces frágil, esos casi tres lustros sin visitar mi querido México de forma plena, como cualquier ciudadano de a pie, verás que no han afectado tu recuerdo.

A ti, Señor, te doy las gracias por tanta gente decente que he encontrado en mi camino.

Gabriela Diaque

¡Qué maravilla! No sabía en dónde poner a tan importante persona, si al principio, en medio o al final del libro. La verdad es que puede estar en donde sea.

Gabriela fue mi amiga, mi confidente, mi compañera, como si de un guerrillero se tratara. Ella es la mujer que todas quisieran ser: elegante, inteligente, sensual, preciosa, buena gente, entrañable, a veces enigmática, dulce como una melina, como te llamaba Guido.

Melina, estupenda amiga, envidia de esposas pero nunca celosas. Con ella pasé fines de semana inolvidables en las playas de Zihuatanejo.

Gabriela Diaque, enorme, alta en estatura y en humanidad, no sé en dónde estarás ahora pero no importa, donde quiera que estés y con quien estés, serás siempre mi Gabriela. Contigo, como una celestina matriarcal, viví amores y desamores. Fuiste testigo de noches de intriga, como en las novelas de Ágata Christie. Lo compartimos todo, menos la cama, que si es casual, demasiado vulgar. Nunca nos llamó el asunto. Somos de los tocados por los dioses que hacen otras cosas, como sentarnos en la arena y ver una puesta de sol sin mediar palabra y estar callados, sin que algún comentario vulgar distorsionara la magia de lo que contemplábamos.

Gabriela mágica, contigo aprendí que se puede tener una amiga mujer. Mujer que como tal, cualquier mortal desearía tener como "la incondicional".

(Luismi, nunca más tendrás canciones como *La incondicional*, por eso ahora cantas boleros. No tengo nada contra ti. Sabes que te quiero desde siempre. Desde que compartimos en Acapulco y en Madrid mientras gestionábamos tu continuidad en EMI. O cuando nos encontramos en Rímini con tu *Lamborghini* murciélago. Mucho tiempo ha pasado. Besos, niño.)

Gabriela, la última vez que nos vimos fue cuando visité mi México lindo y querido con mi hijo David. De eso debe hacer como diez años, y cenamos en un restaurante italiano, si mal no recuerdo. David no paraba de fastidiar con que si tú eras mi novia, obvio que el muñeco que ahora está hecho un Don Juan Di Marco defendiera a su mamá. Bueno, Gaby, verás que no me he olvidado de ti. Sería un "mamón" si lo hubiera hecho. Pero como soy muchas cosas, sobre todo amigo de mis amigos, te quiero como siempre y ojalá pueda encontrarte para que conozcas a Adam, mi nuevo tesoro; te va a encantar, tiene nueve meses y es un muñeco. Creo que se va a dar…

Recuerdos de familia

Hace unos meses nació una de las mejores producciones de mi vida. Se llama Adam Blasco Monrouzeau. Adam se ha convertido en la pasión de la casa. Sus hermanos, Miguel de 32 años, Sandra de 28 y David de 16, destinan un día de la semana para convertirlo en "el día de Adam".

El único pensamiento triste que puede llegar a mi mente en este momento es el recuerdo de aquellas personas que fueron muy importantes en mi vida y que Dios no me permitió compartir con ellas todo lo que yo hubiera deseado, ya que gran parte de mi vida se quedó colgada de los aviones. Mi amado padre y mi admirada madre, mujer que marcó mi carácter de lucha. Mujer que al sol de hoy extraño de la manera más profunda. Y qué decir de mi padre, hombre entero, honrado, reflexivo y ordenado hasta el final. Él me heredó el equilibrio, que nunca fue suficiente ante mi carácter impulsivo y aguerrido, que no repara en gastos a la hora de dar la cara.

Gracias a Dios y al sol de hoy, como dice mi adorable esposa, Yaire, puedo caminar por la calle sin agachar la cabeza ante nadie, y mirar siempre de frente. Mi padre no le ponía la pistola a nadie sobre la mesa; él peleó más de tres años y por suerte escapó con vida de dos campos de concentración, por luchar por la libertad. A ello se debe que mis enseñanzas son muy distintas de las tuyas, Tinita.

AGRADECIMIENTOS

No quisiera dejar en el olvido a algunos artistas y personas que hicieron de esos años en México unos de los más agradables de mi vida.

Ariana y Lula, Jazmín y Oscar Athié, junto a su familia; mi entrañable Gabriela Diaque; mi especial amigo y fotógrafo Carlos Somontes, que viajó a Moscú para fotografiar a una preciosidad moscovita que sólo quedó en proyecto (¿recuerdas, mi querido Somontes, el bellezón de mujer que te mandé fotografiar para aquel tema tan comercial *Perestroika*, que nos bailó un querido amigo para un comercial de zapatos y nos jodió la idea?). Mi querida y talentosa Mariana Yazbek. Mi entrañable Juan Calderón. Mi amigo Jaime Almeida y su familia, que tan buenos ratos pasamos juntos. Mariana Amador, que es la primera fan de Arjona en México y talentosa ejecutiva publicista (ella me perseguía por todo México con el casete de las primeras canciones de Arjona, que por lealtad sugerí su contratación al presidente de EMI, quien pasó olímpicamente mi sugerencia... peor para ellos). Germán y Rosalía, siempre recordados. Mi Tordilla Veraza, siempre amiga. Debo hacer un espacio muy especial para el cariño que recibí de la familia Ariza. Don Antonio, Pepe e

Isabel, por su humanidad y categoría. Jaime Gutiérrez y familia. Juan Antonio Domenech, con quien tan buenos ratos pasé durante la producción del *jingle* para *Sabritas*. Alonso Montalvo, mi buen consejero. Gabriel Abaroa, por su invaluable colaboración en lo que significó mi defenestración mexicana.

La lista sería realmente interminable y no quiero que sea demasiado pretencioso el poder presumir de tantos y tan buenos amigos, pero quisiera hacer una mención especial para un grupo de personas, encabezadas por Don Pedro Padierna y mi simpatiquísima amiga Lupe Alpízar, quienes me brindaron la oportunidad de pasar ratos inolvidables trabajando para ellos en el comercial de *Sabritas, A que nadie puede comer sólo una*. Son tantas y tantas cosas, como diría Julio, que se me hace muy difícil entender la agresión de que fui objeto.

Las ideas surgen cuando el ser humano tiene el espacio y la tranquilidad para desarrollarlas, pero lo más importante es el entusiasmo. ¿Te acuerdas, mi querido Pedro, qué rápido se compuso el comercial de *Sabritas?* Recuerdo tu cara de asombro, pero tú querías ver cómo se creaba y componía un comercial y a fe de todos que lo viviste de cerca. Siento muchísimo el bochorno que te hizo pasar Alejandra en un vuelo en el que coincidieron. Me contaron que la estrella estaba hasta atrás y que su comportamiento fue vergonzoso y te hizo pasar un mal rato, pero ya sabes lo que me costó controlarla durante la grabación del comercial; una pena, pues parece ser que Alejandra se cerró las puertas con ustedes, como otras muchas en los últimos años. Créeme que lo siento pues eres un caballero y debiste sentirte muy incómodo con la Guzmán pateando tu butaca del avión diciendo que "Sabritas era una....", con tantos exabruptos guzmaneros, con lo atentos que fueron con ella. Pero verás que no fueron los únicos en sufrir el desagradecimiento de la *star*.

Otro de mis mejores recuerdos es para los entrañables Omar, Adriana y las familias de ambos. Cuando regresé a España, con el desgarriate que se armó me olvidé de algunas cosas, entre ellas una agenda en forma de libro, donde tenía decenas de teléfonos y direcciones. No me he podido comunicar con casi nadie. Ha sido como un mal sueño, mis queridos amigos, en parte por eso escribo este libro. Mi mayor lamento es haber perdido la comunicación con todos ustedes y que hayan podido pensar dos cosas: primero, que me olvidé de ustedes, y en segundo término, que hubieran creído todas las barbaridades vertidas sobre mi persona, técnicamente en un solo periódico, pues el resto de la prensa no se sumó a esa campaña difamatoria promovida por "Bolliclan". *¡Estafador! Atención aduanas detengan al defraudador. Blasco engaña a las autoridades...* No tuve la posibilidad de defenderme. Sobre todo por mis amigos, los que como ustedes me ofrecieron su casa y su inestimable compañía. Gracias por acompañarme a mis solitarios fines de semana en Acapulco. Gracias estupenda y dulce Adriana por llevarte a mi hija Sandra a Veracruz y apartarla por unos días de esa filtración de recortes de periódico difamatorios por debajo de la puerta de mi habitación. ¿Quién tenía oficinas enfrente del María Isabel Sheraton?... Les quedaba muy cerca; "puercos; mi hija tenía once años". Qué pena, querido Omar, que no logramos el sueño de tu triunfo con aquel disco tan estupendo que por culpa del ejecutivo brasileño que entre tanta mierda que regó por el país, una de ellas fue bloquear tu disco. Lamento no haberte ayudado como merecías y qué casualidad que las personas que nada me debían fueron las más generosas. Como siempre, los que menos tienen son los que más dan. Mi cariño más intenso. Que ese camino sin mapas nos vuelva a juntar en el cruce de la gratitud. Gracias.

No puedo evitar dedicar un especial agradecimiento a Don Gabriel Hernández, precursor indómito de la radio mexicana. Espero que se encuentre bien, pues también debo agradecerle su claridad e imparcialidad a la hora de programar lo que él creía que sería un éxito. Llegó a mis oídos hace un tiempo que en una reunión con gente de la industria, mi nombre salió a relucir en la controversia de la historia del pop en México. Al parecer, alguien lanzó comentarios no muy buenos sobre mi persona, y me cuentan que fue usted quien paró en seco a ese par de detractores, afirmando que la industria mexicana le debía a Miguel Blasco más de una década de éxitos que al día de hoy no tienen. Todos eran artistas mexicanos, producidos y creados por Miguel Blasco. Y que actualmente no había nadie que estuviera haciendo algo de ese nivel. Desde aquí, mi querido Don Gabriel, mi agradecimiento por su defensa. A estas alturas no tenía usted necesidad de hacerla. Nunca olvido el privilegio que tuve de atenderlo junto con su familia en el viaje que realizaron a España. Mi recuerdo y mi gratitud con un cariñoso abrazo, esté en donde esté. También mi sincero agradecimiento a Arturo Forzan; ustedes, junto con mi querido y especial Elías Cervantes, eran los magos de la radio.

También agradezco a mi querida "Nueve mil". No sé si aún sigues con Mario (¡qué caballero!). Tanto si sigues con él, como si no, montañas de cariño para los dos. Como de tantas personas maravillosas que México me permitió conocer y disfrutar. Ustedes tienen ese rinconcito en mi corazón, en el de mi hijo

David y el de mi esposa, Yaire. Qué anfitriones de auténtico lujo. También les recomiendo que escriban el manual del buen anfitrión. ¡Qué derroche de cariño y entrañables buenas maneras! Hemos recordado cantidad de veces el tiempo que compartimos en México con ustedes. Quizás fuera un poco incómodo doce años después, pues aun sin querer miras de soslayo a tu alrededor. Por eso no regresamos más a México. Por esa incomodidad de sentir que cualquier cosa pudiera suceder. Cómo nos gustaría poder agasajarlos, al menos un poquititito de lo que ustedes lo hicieron. Si alguna vez vienen a España, sería un auténtico placer disfrutar de su compañía. Mil millones de abrazos para que no se les acaben.

No sería justo, querido "tocayo", que no te dedicara al menos un poquito del cariño que me brindaste. Mientras no estuviste de vacaciones, todos esos años yo estaba seguro en México. Pero cuando te fuiste, ya ves cómo quedé vulnerable. Si tú no hubieras estado de viaje, el *Popotitos* no se hubiera atrevido a atacarme ni con la legión extranjera. De todas maneras, no quería que faltara tu mención. Para mí, "Hombre de Honor". Gracias por todo, tocayo. Nos vemos en cualquier ratito. Sabes que siempre que he podido te he visitado; espero poder encontrarte en cualquier lugar *pa* darnos ese fuerte abrazo de oso pardo que siempre me dabas.

Sin pensar apenas, tengo un atasco de personas maravillosas que me mostraron el verdadero México, el de la amistad, el del agasajo que sale del corazón. Tantos años después me aventuré a regresar y pasé unas vacaciones maravillosas en la Riviera Maya. Al llegar al hotel en Playa del Carmen, cuando me registraba, la chica de la recepción me saludó como si nunca me hubiera marchado, como si no hubiesen pasado casi diez años, y casi sin levantar la cabeza me dijo: "Qué tal señor Blasco, cuánto tiempo sin verlo". La pareja de amigos que viajaban conmigo se quedaron más que sorprendidos. ¿Cómo después de tanto tiempo y en la península de Yucatán una empleada de un hotel me recordaba con una amable sonrisa? Ése era mi México. Ésa es mi gente, la que me arrebataron sin preguntarles (a ellos nunca les preguntan).

Otra de las agradables sorpresas de las que disfruté fue cuando recientemente me alojé en el hotel Camino Real de la Ciudad de México. Iba entrando, acompañado de mi esposa, cuando un par de mozos maleteros me reconocieron, pues tiempo atrás trabajaban en el hotel María Isabel Sheraton, y sin más me abrazaron. Un amigo que viajó con nosotros en aquellos días también se quedó sorprendido del cariño que esos humildes trabajadores me dieron tantos años después. Mi esposa se emocionó, pues se dio cuenta que la gente de la calle, la que no sabe más que de llevar el jornal a casa, me recordaba y me quería. Así es México. Durante mi estadía no me aceptaron una sola propina. La propina me la habían dado ellos, y con creces.

A lo largo de este relato se me dificultó hablar de las águilas sin que apareciera alguna serpiente. A esa gente buena le ofrezco disculpas, pues ellos no merecen ningún tipo de agravio. Como todo el mundo sabe, los caballeros águila eran la elite de la clase guerrera y dominante después de los sacerdotes y del emperador; por eso, para mí las águilas de este relato son la gente de bien, la gente gente de mi querido México.

Quizás no pueda volver a México cuando se revuelvan las serpientes en sus nidos. Mejor que se envenenen entre ellas y pronto dejen de existir en puestos de relevancia para bien de la nación. Las setas para los enanos y la tierra para los humanos.

Epílogo

Para resumir en unas líneas lo que en este escrito trato de comunicar, relataré brevemente algo que me ocurrió y casi cuarenta años después no he olvidado.

Corrían los últimos días del año 1969, y había terminado mi compromiso con la patria. Algo que los españolitos de entonces debíamos cumplir so pena de exiliarte técnicamente de por vida. La mili... Todos intentamos escabullirnos como podíamos. Unos tragaban gasolina antes del examen médico, otros tratamos de provocarnos una cardiopatía momentánea para evadir tan sagrado compromiso y otras variadas artimañas para dar en el examen el resultado de "no útil" para el servicio. Yo no quise arriesgarme a nada de eso, pues confiaba en que por mi baja estatura no me admitirían, pero nada, me destinaron a tiradores de Aaiún en el Sáhara español.

Terminado ese compromiso que solía partirnos la vida laboral a todos los jóvenes de la época, me incorporé de nuevo a mi vida civil dieciocho meses después, y traté de conectarme de nuevo a mi mundo. Mi querida madre me dio seis dólares de la época, y sin pensarlo dos veces me hice llevar por un amigo a Madrid, la gran ciudad y centro de todas las actividades artísticas. Yo sabía que esos seis dólares no me alcanzarían para mucho, pero sólo había un camino y lo tomé. Mis pocos recursos me llevaron a instalarme en el camping Osuna, cercano a la capital, y me rentaron una tienda de campaña en donde viví durante bastantes meses. La nevada de ese año fue histórica, más de setenta centímetros de nieve cayeron, y yo me estaba congelando pese a que me eché encima toda la ropa que pude encontrar. Gracia a Dios el vigilante del lugar se apiadó de mí y me acomodó en una especie de cantina que tenía un radiador de calefacción eléctrico, y allí sobre un banco de madera pasé varios días.

Para no extenderme demasiado resumiré. Al anochecer de cada día, me acercaba a la ciudad para refugiarme en la discoteca de moda (J.J.). Una de esas noches me encontré con Manolo de la Calva y Ramón Arcusa, integrantes del Dúo Dinámico, buena gente donde los haya, con los que antes de incorporarme al ejército había realizado una gira de conciertos junto a Juan y Junior. Ellos me invitaron a su mesa y con gran alegría comenzamos a recordar anécdotas de esa gira que duró casi un año. La velada pasó entre trago y bailoteo al ritmo de James Brown. Cuando ya nos estábamos despidiendo, Ramón me preguntó en dónde estaba viviendo; yo le conté del lugar donde me albergaba, y sin mediar palabra me pidió que lo acompañara a su flamante *Mercedes*. Me invitó a subir y en unos minutos me encontré en la puerta del camping; no me permitió alegación alguna; me pidió que recogiera todas mis pertenencias y las acomodara en el coche. Yo no sabía qué decir, era como Papá Noel que se había anticipado unos días. Llegamos al departamento que Manolo y Ramón poseían en un lugar privilegiado en la calle de Onésimo Redondo, frente al Palacio Real, con vista directa a los jardines del Moro.

Ramón me acomodó en la habitación que había sido de mi querido Álvaro Laso de la Vega y me dijo que al día siguiente hablaríamos. Todo estaba ocurriendo como en las películas de Disney. A la mañana siguiente me despertó y me dijo que ese mismo día salían a cumplir con unos compromisos artísticos y que estarían fuera un par de semanas. Me pidió que lo acompañara a una tienda de comestibles situada dos portales más abajo, y me presentó a los dueños de la tienda. Acto seguido les encomendó que en su ausencia me facilitaran todo lo que yo necesitara y que lo cargaran a su cuenta. Yo apenas podía articular palabra, lo acompañé al garaje del edificio, donde Manolo estaba terminando de acomodar el equipaje en el otro *Mercedes*, y sin más me entregó las llaves del suyo y me abrazó. En su casa estuve varias semanas a cuerpo de rey.

Hace tan sólo un par de semanas nos encontramos en un evento musical en mi ciudad natal. En treinta y tantos años no he dejado de sentirme agradecido y lo seré hasta el final. Sé que a Ramón no le gusta que yo lleve tantos años pregonando a quien quiera escuchar lo que hicieron por mí. Creo que con esta pequeña historia resumo brevemente lo que he intentado transmitir en mi relato a tantas serpientes que aún se arrastran por este entramado del negocio del disco y el espectáculo.

Miguel Blasco Carabia

El origen de las estrellas, de Miguel Blasco
se terminó de imprimir en julio de 2009 en
Quebecor World, S.A. de C.V.
Fracc. Agro Industrial La Cruz
El Marqués, Querétaro
México